Los siete elementos básicos de la
CARPINTERÍA

The Seven Essentials of Woodworking

Los siete elementos básicos de la
CARPINTERÍA

Anthony Guidice

Copyright para lengua castellana © EDIMAT LIBROS, S.A.
Calle Primavera, 35
Polígono Industrial El Malvar
28500 Arganda del Rey
MADRID–ESPAÑA
web: www.edimat.es

Editado en inglés por Sterling Publishing Company, Inc.
387 Park Avenue South, New York, N.Y. 10016
© 2001 Anthony Guidice

Reservados todos los derechos
ISBN: 84-9764-465-4
Depósito legal: M-23822-2003

Autor: Anthony Guidice
Título original: The seven essentials of woodworking
Dibujos de Anthony Guidice
Fotografía de Vicki Guidice
Traducción realizada por Manuela Blas del Campo
Revisión técnica de Benito Galán
Impreso en COFÁS

Nota al lector:
Trabajar con madera es potencialmente peligroso. La utilización de herramientas manuales o eléctricas, o el incumplimiento de las normas de seguridad puede conllevar lesiones. No lleve a cabo ninguno de los trabajos que aparecen aquí hasta que no tenga la garantía de que se pueden realizar con seguridad.

El autor y el editor han tratado de ofrecer una información lo más precisa posible. Sin embargo, debido a los materiales de construcción, el nivel de destreza del lector, y otros factores, ni el autor ni Ediciones Sterling asumen ninguna responsabilidad por daños o lesiones.

*Este libro es para
Vicki y para Sarah*

Contenido

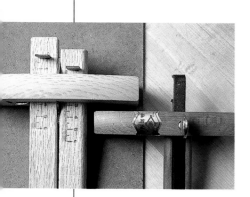

LA INTRODUCCIÓN ESENCIAL

«Se supone que todo el material que vemos en clase es de buena calidad. Los libros muestran trabajos bien hechos, y toda la música del canal clásico es buena. Realmente nos sería de ayuda poder ver qué no es bueno».

—Alumno diplomado del Instituto de Tecnología Rochester, 1979, hablando sobre arte y estética

Yo conocía una carpintería en Florissant, Missouri. Los propietarios pensaban que si contrataban trabajadores sin experiencia para hacer las cosas únicamente con maquinaria, podrían obtener un buen producto. Les pagarían salarios bajos y obtendrían un beneficio fácil. La tienda realizaba unos trabajos malísimos, los clientes no querían pagar por él, y los dueños acabaron con el negocio en año y medio.

¿Qué significa esto? ¿Qué las máquinas de carpintería realizan un trabajo malísimo? No.

Poco tiempo después de esto hice un viaje a California para escribir un artículo en una revista de una escuela de carpintería ubicada allí. Los alumnos se enorgullecían de aprender las enseñanzas del «Maestro», tardando días y a veces semanas en hacer las cosas más simples a mano. «¿Cuánto tiempo habéis tardado en cortar estas colas de milano?» Pregunté. «Dos semanas», fue la respuesta. El continuo lamento de estos alumnos y su profesor era que el público no quería pagar altos precios por un trabajo que era cuestionable.

¿Qué significa esto? ¿Qué el trabajo manual no es bueno? Por supuesto que no.

Los dos son ejemplos de aproximaciones extremas a la carpintería. Poner demasiado énfasis en trabajar con máquinas puede debilitarle la sensibilidad. Usted se convierte en un operador de maquinaria. Hacer el trabajo a mano con las herramientas y métodos erróneos es lento y frustrante. De cualquiera de esas formas, sólo conseguirá un trabajo bien hecho por casualidad y ocasionalmente.

¿Cuál es el mejor método? Aquél que le haga comprender el modo en que se comporta la madera (bastante simple) y la forma lógica de ensamblarla (hacer uniones). La otra cuestión que tiene que saber es qué herramientas necesita para trabajar con madera y cómo utilizarlas.

¿No es esto lo que todos los libros de carpintería describen? Sí. Entonces, ¿por qué necesita éste?

Las siguientes páginas presentan el formato de un curso de carpintería básico que yo impartí. En él, a los alumnos se les requería que dominaran las técnicas y principios fundamentales del trabajo a mano —medición y marcado de tableros, serrado longitudinal, afilado de hojas, utilización de cepillos, etc.— antes de que se les permitiera operar con máquinas. Estas son habilidades que, una vez las conozca totalmente, le permitirán tratar con casi cualquier elemento de carpintería. Esto varía bastante de la mayoría de los libros de carpintería, que le sueltan miles de métodos, insistiendo en que los aprenda todos, y quizás, cuando se le presente un problema, la pregunta estará allí en cualquier sitio.

Ridículo.

Este libro incluye métodos para trabajar con herramientas manuales, pero no es sólo sobre carpintería a mano. Aquí no aparecen máquinas eléctricas para madera excepto una amoladora, pero eso no es una tesis en contra de la maquinaria de carpintería (tengo muchas máquinas de carpintería y no podría vivir sin ellas). Este libro habla de una *filosofía*. Una vez entendida esta filosofía, no importará si hace muebles artísticos o una casa para pájaros, o si utiliza herramientas manuales o máquinas. El aprendizaje será fácil y podrá resolver cualquier problema de carpintería que se le pudiera aparecer, incluso aunque nunca antes lo haya hecho. Ejemplos: Si conoce lo que hace que una unión con pegamento sea óptima, será capaz de hacer una utilizando cualquier método **(I-1).** Si sabe cómo funciona una hoja de sierra adecuadamente dispuesta y afilada, sabrá cuándo una no funciona —ya sea una hoja de sierra circular, sierra de banda o de serrucho. Si sabe cuando una tabla está «plana» porque ha aprendido cómo aplanarla, siempre sabrá cuando las tablas están planas —ya lo haga a mano o con máquinas.

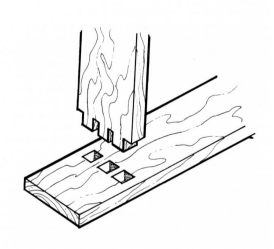

I-1. ◆ *El ensamble a caja y espiga es una unión excelente para pegar por la cantidad de superficie en las cajas (agujeros) y las espigas (piezas salientes). En el Capítulo Uno se habla de las uniones óptimas para pegado, y en el Capítulo Seis se explica como hacer ensambles a caja y espiga.*

I-2. ◆ *Detalle de los dientes de una sierra de bastidor que muestran la cantidad adecuada de triscado. En el Capítulo Cuatro se habla de técnicas de afilado para sierras de bastidor, cepillos, cinceles, etc.*

LO QUE FUNCIONA, FUNCIONA

Cuando escribo un artículo sobre carpintería hecha a mano para alguna revista, siempre recibo cartas de personas que disienten, entre otras cosas, de las virtudes relativas de utilizar sierras diferentes a las que yo uso; de escudriñar en tiendas de herramientas de segunda mano en vez de comprar una buena herramienta con la que empezar; y de un sinfín de insignificancias respecto al manejo de cepillos de mala calidad en vez de simplemente utilizar uno de buena calidad. Estas personas están más interesadas en enredar y ocuparse de trabajos de poca importancia (y argüir) que en encontrar aquello que funciona y realizarlo. Mis métodos no son los únicos que existen, y además no son los únicos que funcionan. Pero funcionan, y son los más rápidos. En mis talleres, si los alumnos hacen exactamente lo que les digo, y utilizan las herramientas que les digo que usen, pueden conseguir resultados de una manera más fácil y más rápida que con cualquier otro procedimiento.

Se quedaría asombrado si supiera con cuántos «expertos» conocidos he hablado y que nunca han utilizado un cepillo de pulir, no saben cuál es el triscado adecuado de un serrucho, o incluso qué características tiene un serrucho *bueno*. Pueden cortar a su manera miles de maderas con maquinaria, pero ninguno de ellos puede decir el valor real de un ensamblaje a caja y espiga bien hecho («unir dos piezas de madera» no es la respuesta) o cómo alisar *correctamente* una tabla a mano. Asombroso.

Luego están los auténticos expertos, honestos y reflexivos. He conocido algunos de ellos, gente que ha estudiado en Alemania, Dinamarca y Hungría como aprendices. Aunque todos utilizan máquinas, pueden también realizar cualquier tarea de carpintería con herramientas manuales si fuera necesario. Saben que no pueden hacer un buen desbastado con algunos cepillos nuevos; que el serrucho estándar de carpintero no corta bien; y que la mayoría de los formones modernos se embotan con tanta rapidez que no merece la pena utilizarlos. En su día aprendieron la manera correcta de trabajar y se quedan apegados a ese conocimiento durante toda la vida, nunca se ofuscan en experimentar un sin fin de técnicas con las que muchos carpinteros se tiran años. Es asombroso que algunas personas, que tienen posibilidad de conseguir la mayor ayuda, desperdician la mayoría de su tiempo luchando con herramientas cuestionables y métodos que los carpinteros entrenados en Europa nunca considerarían poner en práctica, y luego discrepan sobre ellos. Son como pintores abstractos que no saben dibujar.

En estas páginas encontrará los principios básicos que usted debería conocer sobre trabajo con madera. Primero hay que saber las cosas fundamentales y después poder elegir si utiliza máquinas por razones profesionales o de producción; pero la mayoría de los carpinteros no poseen buenas destrezas con herramientas de mano. Ellos utilizan máquinas porque es fácil usar máquinas y porque no pueden manejar herramientas manuales adecuadamente, no porque no las elijan. El trabajo a mano adecuado le da la pauta sobre la cual todos los demás se basan. Y algunos problemas no se pueden resolver con máquinas.

Este libro describe algunos métodos y procedimientos específicos con los que obtendrá una mejora notable en sus destrezas y conocimientos de carpintería. Como quiera que las herramientas adecuadas resuelven entre un 80 y un 90 por ciento de los problemas que pueden aparecer con estos útiles, se mencionan algunas herramientas específicas que se requieren para obtener mejores resultados. Las técnicas descritas serán frustrantes si se sustituyen por herramientas alternativas, o si utiliza un atajo y se salta algún paso. No puede hacer una buena tortilla con huevos podridos, y no puede hacer un trabajo manual con precisión con herramientas malas.

Soy muy consciente de que algunos de los preceptos que aparecen en este libro son contrarios a lo que a menudo suele estar escrito en los libros de carpintería y revistas, y quizás lo pongan en tela de juicio los «expertos». Como yo utilizo estas técnicas y principios cada día en mi taller, puedo decir ciertamente que representan lo que actualmente ocurre en el trabajo con madera —no lo que debería ocurrir, podría ocurrir, o teóricamente ocurrirá.

Se ha evitado aquí el formato demasiado complicado y confuso de la mayoría de los libros de carpintería; a veces el texto puede parecer que deja algunas preguntas sin contestar. Creo que es mejor cubrir los puntos principales primero y coger los extremos sueltos después. Hay repeticiones, intencionadamente puestas, que son básicas para la efectividad del libro.

¿Quiere ser un carpintero de primera categoría? Es simple (pero no fácil). Preste atención a la información de las siguientes páginas. Luego compre un serrucho de buena calidad y aprenda a tronzar y a serrar al hilo tablas de maderas duras. Bien. Ahora aprenda a unir bordes y a allanar a mano una tabla de un metro. Luego vea si puede afilar herramientas dejándolas más aguzadas y haciéndolo de un modo más rápido que cualquier otra persona. Finalmente, corte un ensamblaje a caja y espiga a mano y familiarícese completamente con una técnica de acabado. Haga eso y no tendrá competencia. Eso es lo que se explica en el libro.

Anthony Guidice

I-3. ◆ *El autor, Anthony Guidice, en su taller.*

Nota sobre las medidas empleadas:

Las medidas que se han utilizado en la presente edición en castellano son las del sistema métrico decimal. Así, en las instrucciones, tanto de herramientas como de materiales, cortes y procedimientos, las medidas aparecen en metros, centímetros y milímetros. No obstante, en la página 127 se incluye una tabla de conversión métrica con la pulgada inglesa.

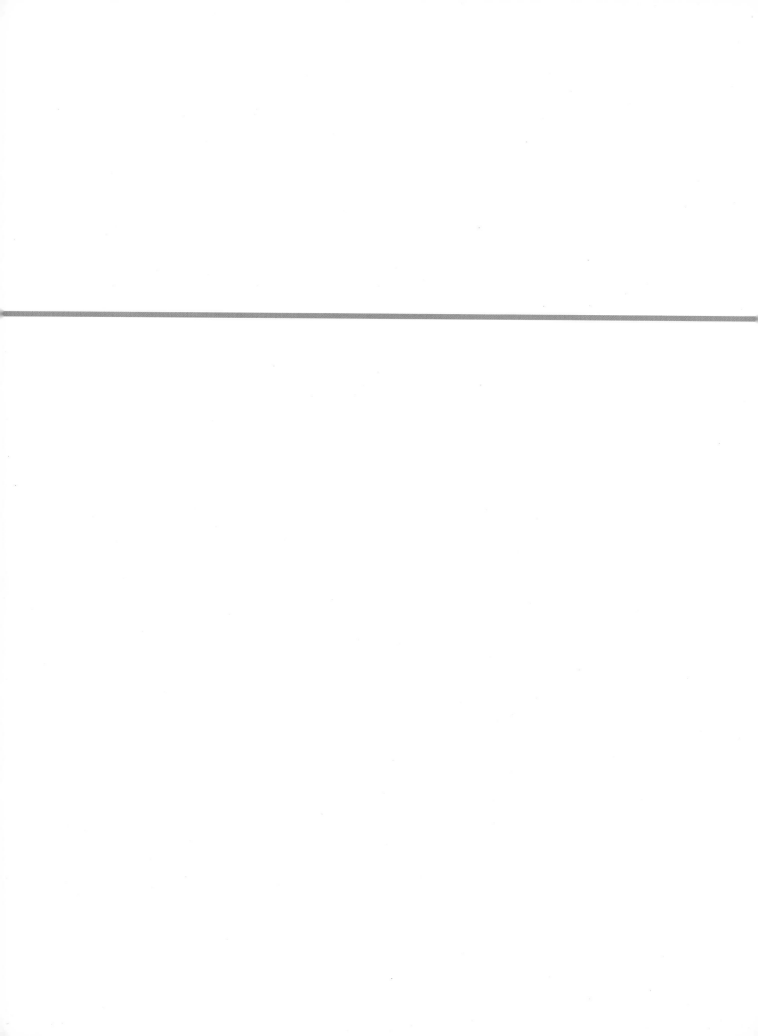

PREÁMBULO:
ALGUNAS NOTAS PARA
SER CARPINTERO

Ejercer una profesión en cualquier disciplina —ya sea carpintería, pintura, música, literatura, etc.— requiere una cierta cantidad de compromiso. Esto significa invertir parte de tu vida en esta disciplina, y también significa trabajo duro. No sólo por comprar un violín o una guitarra uno se va a convertir en músico. De igual modo, poseer una sierra circular y algunas herramientas eléctricas no le convierten necesariamente en carpintero. El estudio y dominio de las técnicas es lo que le va a convertir en carpintero. Ese estudio incluye aprender a pensar con propiedad así como realizar el trabajo.

Muchos alumnos tienen ideas equivocadas sobre las herramientas, el material y el aprendizaje correcto de la carpintería. Al principio ellos no piensan adecuadamente. Después de todo, algunas cosas son posibles —y razonable de esperar que ocurran— y otras simplemente no lo son. Una actitud correcta al principio es de gran importancia.

EL TALLER

Un taller cómodo (1) es una necesidad para poder realizar un trabajo serio. Mi taller es bastante pequeño. Está en una cochera de 1910 reconvertida. Mi anterior taller era incluso más pequeño que éste —el estante de madera compartía espacio con el cuarto de lavado. Incluso así, hice muchos trabajos buenos allí, y también gané mucho dinero. No era muy grande, pero tenía los elementos básicos de un buen taller. Mencionaré unos cuantos trucos de taller a continuación.

Un taller debería tener buena iluminación. Tengo seis dispositivos dobles de fluorescentes para la iluminación general de la habitación y

1. ◆ *El taller del autor.*

luminarias individuales con bombillas de tungsteno y reflectores sobre el banco de trabajo. Si va a marcar con precisión una línea del ancho de una cuchilla, tiene que ver la pieza de trabajo para señalarla. No es necesario que todas las luces estén encendidas al mismo tiempo, pero donde esté trabajando se necesita una buena iluminación —especialmente alrededor de cualquier máquina.

Tenga siempre el taller ordenado. Me gusta retirar cualquier cosa que haya en las encimeras y la bandeja de herramientas de mi banco y poner estos elementos en otro lugar hasta que necesite utilizarlos de nuevo. Esto es especialmente práctico para pequeños talleres. Nadie puede trabajar bien con montones de herramientas y recortes de madera que están alrededor de cualquier sitio. En el banco de trabajo, sólo debería haber una pieza de trabajo sobre la superficie. Si tengo cuatro patas

de mesa con las que voy a trabajar, cojo primero una y pongo las otras tres en el carrito auxiliar o en la encimera cerca de mi.

Es especialmente importante mantener el suelo limpio. Bárralo frecuentemente y manténgalo limpio para que siempre tenga un buen sitio donde pisar, cualquiera que sea lo que esté haciendo. No necesito decirle lo que le puede ocurrir si se escurre cerca de una sierra circular que está en funcionamiento. Algunas personas me dicen que están demasiado ocupadas como para mantener sus propios talleres limpios todo el tiempo. Es una tontería. Hago mucho trabajo —personal y profesional— y mi taller siempre está arreglado y limpio.

Asegúrese de que tiene un buen torno de banco para sujetar las piezas. No importa si utiliza un banco escandinavo como el que yo uso (2), o un banco de trabajo de estilo inglés con un torno de hierro sobre él (3), pero es im-

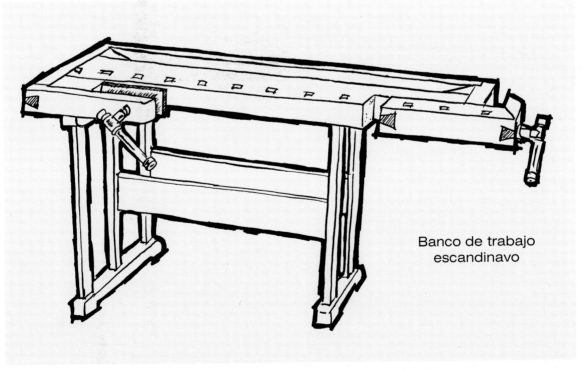

Banco de trabajo escandinavo

2. ◆ *Banco de trabajo de estilo escandinavo. Este banco le permite sujetar la madera de una manera más eficaz para aplanar, ensamblar, etc. Lujoso, pero no indispensable.*

portante que el trabajo esté firmemente sujeto mientras sierra, cincela, y marca. De otra manera, la carpintería puede no sólo ser peligrosa, sino totalmente frustrante. Wendell Castle, el fabricante de muebles artísticos, utiliza un banco controlado hidráulicamente con un torno de modelista en él. Arthur Chapin utiliza un viejo torno de hierro sobre un igualmente antiguo banco de trabajo. Ambos funcionan.

Algunos consejos adicionales de seguridad: Cuando cincele, mantenga la otra mano detrás de la hoja. Cuando sierre, mantenga la otra mano donde la sierra no la cortará si salta fuera la ranura del corte. (No se ría. Yo una vez tuve que ir al hospital y me dieron 9 puntos porque me corté con una hoja de sierra de arco, ¡un serrucho manual! Dejé las manchas de sangre en el suelo como recuerdo). No se salte ningún paso cuando trabaje con máquinas, y conozca todas sus herramientas eléctricas en profundidad antes de utilizarlas. Tampoco se acelere. Un buen artesano jamás trabaja a destajo. No trabaje nunca cuando esté cansado o no esté en buenas condiciones físicas, por el motivo que sea (o esté tomando medicación para un resfriado). Concéntrese. Esté siempre concentrado. No se distraiga mientras está realizando cualquier trabajo. Deje a un lado el motivo de distracción o deje de trabajar. Utilice buenas herramientas y no las preste a los amigos. No querrá perder sus herramientas o a sus amigos.

MADERA: BELLA, NATURAL, IMPERFECTA

La madera está en un constante estado de cambio. Se mueve, se tuerce, cruje, se deforma y se dobla. Es también un material muy

Torno de trabajo en madera de estilo inglés

3. ◆ *Un torno de estilo inglés como este se puede ajustar a cualquier banco de trabajo y puede perfectamente sujetar la madera mientras se trabaja con ella.*

fácil con el que trabajar, así que generalmente esos problemas se pueden resolver. Sin embargo, es un error asumir que las características de la madera son absolutas. Muchas veces he escuchado términos referidos a la madera como «perfectamente cuadrada», «perfectamente recta», etc. Lo siento, pero esto no es así. Nada sobre la madera es absoluto. Nunca tendrá una tabla «perfectamente» algo. Si aplano una tabla en mi taller, la dejo sobre el banco y llueve durante toda la noche, al día siguiente la tabla no será tan plana como antes. Será casi tan plana, utilizablemente plana, razonablemente plana, pero no será tan plana como era. Y eso es sólo en una noche.

Algunas veces los tableros de la misma clase de madera, sacada del mismo montón apilado se comportan de un modo imprevisible. Hice una cajonera de estilo Shaker con nogal americano de Missouri para un reportaje fotográfico para la Escuela de Diseño de Rhode Island. (Si usted es principiante, no utilice nogal americano hasta que haya cogido alguna experiencia y confianza; es casi tan duro y se comporta casi igual que un bloque de piedra). La cajonera tenía una tapa, lados, gualderas y dos cajones —un diseño simple. Hice unos rebajes para el movimiento de la madera a ambos lados de la cajonera. Los paneles laterales se realizaron con tableros similares, del mismo árbol, secado de la misma manera en el mismo montón. Un lado se partió y el otro no.

«Razonablemente» es una maravillosa palabra para aplicar a la madera. Puede hacer muebles bonitos con madera que sea razonablemente plana. Es razonable esperar alguna cantidad de desperdicio cuando cepille el tablero. Una carcasa o cajonera grande, por ejemplo, debería estar razonablemente escuadrada —aproximadamente poco más de medio milímetro de diferencia. Eso está bien. No es necesario ajustarse más. Por ello, mantenga unas expectativas razonables en cuanto al comportamiento de la madera. Nunca será «perfectamente» algo... excepto bella.

La madera —ya sea la parte del árbol o en forma de tablero— es exquisita. Parta un tronco y verá que el modelo del grano es magnífico. Muchos carpinteros hacen cosas horribles a esta materia prima. La tiñen, la blanquean, la plastifican, la ahuman y, en definitiva, tratan de hacerla parecer como algo que no es. La madera se queda con un acabado, barnizado, teñido o lijado excesivos; demasiado trabajada. Esto no es necesario. Alísela con una garlopa o líjela ligeramente y luego aplíquele aceite. Con eso es suficiente.

CREATIVIDAD, DISEÑO, PROPORCIÓN

Es importante que usted aprenda unas cuantas técnicas de carpintería que le van a servir para toda la vida y que le permitirán dominar después la complicada materia prima.

Domine estas técnicas para que se conviertan en una segunda naturaleza y quedará libre para concentrar sus pensamientos creativos en hacer muebles y otros proyectos de carpintería que estén bien proporcionados, agradables al contemplarlos, y sean útiles.

La mayoría de los alumnos captan estas nociones. Echan mano de la teoría de un libro o revista cuando tienen que hacer algo —una mesa, una cajonera— lo que sea. Dejan todo el trabajo creativo para un pensamiento momentáneo, subordinado al diseño de otro. Luego cuando se disponen a construir, cada paso es una nueva aventura (o peor, una nueva apuesta arriesgada). Lo que debería ser una acción rápida y repetitiva —como aplanar tableros, unión de bordes, afilado— se convierte en un acto de meditación. Meditación lenta. En absoluto buena.

Por favor, no me malinterprete. Cuando se ajustan cajones, se ensambla una carcasa complicada, o se da un acabado final, necesita tomarse su tiempo y dejar la pieza en perfectas condiciones —tan perfectas como el material le permita. Esto mismo es válido cuando esté diseñando algo, necesita tomar las proporciones correctas. Las distintas partes dimensionadas en la forma adecuada hacen que el mueble parezca bueno (4 y 5). Esto lleva tiempo. Usted no querrá que la pieza tenga un aspecto pesado y recargado, ni tampoco tan frágil que parezca que una ligera brisa la pueda derribar. Pero las operaciones mecánicas se deberían hacer tan rápida y repetitivamente como fuera posible.

En carpintería se realizan muchas de estas operaciones mecánicas y repetitivas, desde serrar en línea recta a conseguir que una herramienta tenga la hoja bien afilada de manera rápida. Una vez estuve en una escuela de carpintería donde los alumnos estaban casi al final de un curso de tres meses.

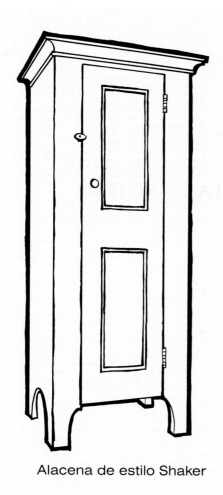

Alacena de estilo Shaker

4. ◆ *Alacena de estilo Shaker con un diseño engañosamente simple. Es difícil diseñar y hacer cosas que parezcan como ésta. Si cualquiera de las proporciones o formas de ésta pieza estuviera mal, no parecería buena.*

Observé a un alumno cortar el extremo de una tabla. Lo marcó, lo fijó al banco y luego lo cortó, girándolo y sujetándolo según iba cortando. Algo que le debería haber llevado de 30 a 40 segundos le llevó unos 10 minutos. Eso es demasiado tiempo.

¿Por qué es tan importante aprender las técnicas de carpintería correctas? La carpintería en sí misma conlleva mucho tiempo. A menudo los trabajos se tardan en hacer el doble de tiempo del que en un principio se pensaba (pregunte a cualquier profesional de un taller pequeño). Realmente no se puede tirar uno más de media hora para hacer cuatro cortes que le deberían llevar menos de tres minutos. Es demasiado ineficaz. Si es un profesional, perderá dinero. Si es un aficionado, ya ha limitado el tiempo. ¿Por qué desperdiciarlo?

Además, en el taller hay un lapso limitado de tiempo durante el cual usted puede traba-

5. ◆ *Cajonera de estilo Shaker. ¿Qué grado de dificultad conlleva realizar un mueble con cuatro cajones? ¡El máximo! Es una serie de rectángulos que están tan bien proporcionados que se convierten en algo más que un mueble. E incluso puede barrer por debajo.*

Cajonera de estilo Shaker

jar con el máximo rendimiento. Resérvelo para tareas difíciles, como cortar un ensamble de cola de milano deslizante[1] (6), que es un elemento importante para la construcción de una carcasa; o para perfilar una curva exacta o algún detalle. No desperdicie energía y poder mental en cosas rudimentarias como pegar paneles o afilar formones. También es este el motivo de que yo no fabrique mis propias herramientas, repare las antiguas, o incluso ponga a punto las herramientas nuevas que no vienen fabricadas con precisión. Quiero gastar con sabiduría todo mi valioso (y limitado) tiempo y energía en mis labores de carpintería —trabajando la materia prima.

---

[1] Este ensamble, que no se explica en este libro, requiere una utilización y control adecuados de las herramientas de carpintería, tópicos que sí aparecen.

Así que aplicar una técnica eficaz, metódica y ordenada es una idea totalmente práctica. Le libera para aprovechar el tiempo en tareas de carpintería que requieren un cuidado extra, y para diseñar y pensar la pieza. Simplemente le permite utilizar sus recursos personales de una manera mejor.

MITOS Y REALIDADES DE LA EBANISTERÍA

Hacer ensambles de carpintería funcionales y resistentes depende de dos cosas: saber qué ensamble utilizar y cómo hacerle. Si va a hacer una unión a caja y espiga de cuello de ganso solapada (*mechigai-koshikake-kama-tsugi*) para una viga de un templo japonés (7) o un ensamble a escuadra clavado para una casa de pájaros (8), siempre hay que aplicar estas dos cosas.

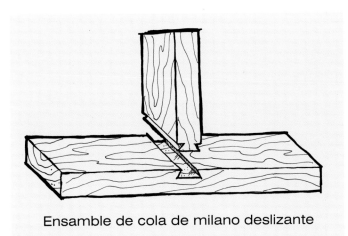

Ensamble de cola de milano deslizante

6. ◆ *Ensamble de cola de milano deslizante. Esta importante unión permite una conexión firme, e incluso permite movimientos de la madera. En mi vida sólo he conocido a dos personas que podían realizarlo a mano.*

7. ◆ *Unión japonesa a caja y espiga de cuello de ganso solapado. Los carpinteros japoneses tienen un control tan grande de sus herramientas que pueden marcar y cortar un ensamble como este en un increíble corto espacio de tiempo.*

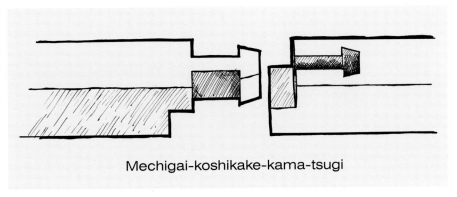

Mechigai-koshikake-kama-tsugi

La clave para realizar diferentes tipos de ensambles es saber cómo se hace una unión —la básica o unión «principal», luego se puede imaginar cómo hacer cualquier otra— *siempre que usted tenga la capacidad necesaria para controlar el correcto manejo de las herramientas.* (Incluso una unión solapada en escuadra con clavos necesita dos lados rectos que se «encuentren», por ello, si usted no puede controlar un cepillo y un serrucho, nunca podrá hacer eso).

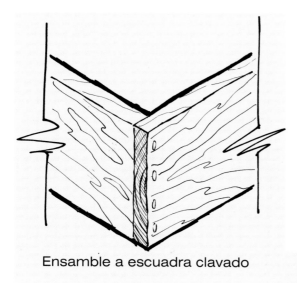

Ensamble a escuadra clavado

8. ◆ *Ensamble a escuadra clavado —la unión más fácil de hacer, pero generalmente una mala elección para cualquier proyecto de calidad. Además, si no puede serrar y aplanar la piezas por los extremos, y cepillar el borde longitudinal con precisión, no podrá hacer esto.*

9. ◆ *La construcción de carcasa se utiliza para armarios, estanterías, cajas, etc. La construcción de marco se utiliza en puertas, cuadros y caras frontales de armarios. Cada tipo de construcción utiliza un ensamblaje específico.*

Existen muchos tipos de ensambles —cientos de ellos. Algunos son ensambles de «carcasa» y otros son ensambles de «marco» **(9)**. Los ensambles de carcasa se utilizan para armarios, muebles auxiliares, cajas, etc. Los ensambles de marco se utilizan para puertas, marcos de cuadros y marcos frontales de armarios. Algunos «expertos» intentan enseñarle ¡todos de una vez!

Los ensambles de cola de milano **(10)** se utilizan para cajones y estanterías porque son ensambles de caja **(11)**. Un ensamble dentado es un ensamble de cola de milano recto, y queda mejor hecho a máquina. Los ensambles de lengüeta y ranura **(12)** y a media madera **(13)** son dos ensambles de carcasa. Las uniones de lengüeta pueden ser para construcción de marco o carcasa. El ensamble de galleta a máquina **(14)** —que consiste en pastillas de madera comprimida insertadas en ranuras cortadas con un ensamblador de galleta— es un ensamble de lengüeta.

Construcción de carcasa y marco

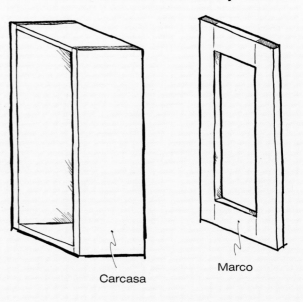

Carcasa

Marco

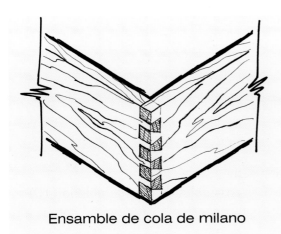

Ensamble de cola de milano

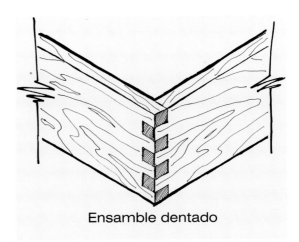

Ensamble dentado

10. ◆ *Ensamble de cola de milano «entrelazado». Una de las uniones de carpintería más populares y visibles, tiene mucha superficie pegada y gran resistencia mecánica. Para pequeñas cantidades, esta unión es mejor hacerla a mano.*

11. ◆ *Unión dentada. Los «dedos» quedan enlazados unos con otros, permitiendo mucha superficie de pegado. Es fácil y rápida de hacer con máquina.*

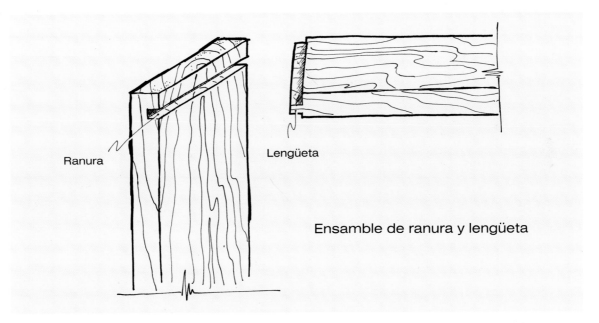

Ranura

Lengüeta

Ensamble de ranura y lengüeta

12. ◆ *Ensamble de lengüeta y ranura utilizado en la construcción de carcasas. Es una unión un poco pobre para una carcasa, porque no cuenta con superficie para pegar y tiene una resistencia mecánica mínima.*

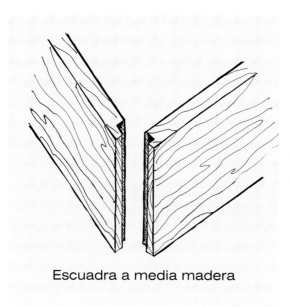

13. ◆ *Ensamble de escuadra a media madera, también se muestra en la construcción de carcasas. Esta unión tampoco tiene superficie de pegado y cuenta con poca resistencia mecánica. Es mejor que el ensamble a escuadra clavado, pero no mucho.*

Escuadra a media madera

14. ◆ *Ensamble con galletas —una unión con ranura de «alta tecnología». Las «galletas» prefabricadas y comprimidas se encajan en ranuras cortadas con una máquina especial. Es tremendamente fuerte y útil.*

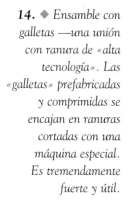
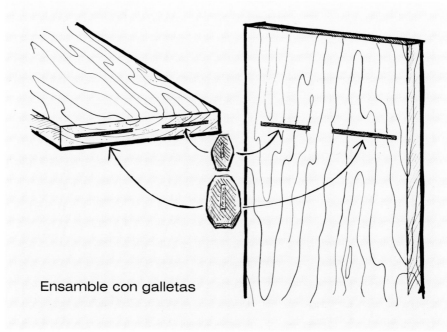

Ensamble con galletas

Un ensamble de cola de milano deslizante, como el que se muestra en la figura **6,** es un ensamble muy importante que se utiliza para sujetar carcasas anchas sin que se arqueen, e incluso permite el movimiento de la madera. Un ensamble a inglete con alambeta es más fuerte que un ensamble a inglete recto **(15)**, y un ensamble solapado en bisel o unión de herradura con inglete **(16)** es incluso más fuerte que la versión con alambeta, pero más difícil de sujetar (algunas veces

quizás no necesite el refuerzo de esos ensambles, y una unión con inglete recto pueda valer).

Estos son sólo unos cuantos ensambles que se pueden realizar. ¿Confundido? No se preocupe. No tiene por qué conocerlos todos. En realidad, no ahora.

Las claves para realizar ensambles con éxito son marcar las tablas correctamente, controlando las herramientas, y aplicando unos conocimientos simplificados y consistentes.

15. ◆ *Uniones a inglete «recto» y «con alambeta». La alambeta añade superficie de pegado a la unión y la hace más fuerte. La versión recta es un poco más que una unión por los extremos.*

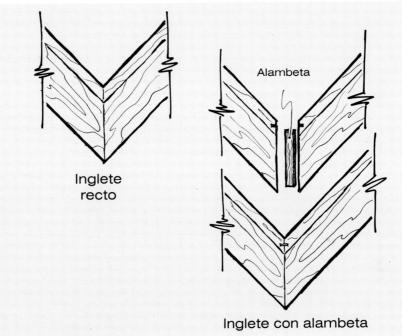

Alambeta

Inglete recto

Inglete con alambeta

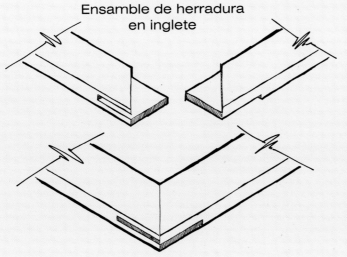

Ensamble de herradura en inglete

16. ◆ *El ensamble de herradura en inglete es una unión maravillosamente fuerte y con una buena apariencia que casi ya no se ve, pero también es divertido hacerlo a mano. Tiene mucha superficie de pegado y resistencia mecánica.*

La mayoría de los métodos que encontrará en revistas o libros, o que verá en televisión no explican esto demasiado bien (especialmente cuando se utilizan serruchos). El motivo por el que alumnos y carpinteros principiantes tienen tantos problemas al realizar un trabajo a mano, de cualquier clase, casi siempre se debe a las herramientas. En libro tras libro, se recomiendan serruchos para serrar en banco, de lo que resulta un serrado preciso. Los serruchos **(17)** son pesados, difíciles de equilibrar y poco manejables. Todos los que he visto tienen dientes que son demasiado pequeños y que están afilados y triscados de manera incorrecta. Es difícil volver a ajustar y volver a afilar los minúsculos dientes, y si no se hace bien, la sierra se atasca y cimbrea al cortar. Y tampoco corta bien. Es lenta, demasiado lenta. Es por lo menos el doble de lenta que una sierra de bastidor; que es la sierra que yo recomiendo. [El serrucho tiene el peor diseño de sierra que yo haya visto; el serrucho de carpintero estándar, como se muestra en **(18)**, tiene una hoja más gruesa y dientes más grandes, fustiga y se retuerce en el corte, y corta incluso con más lentitud.]

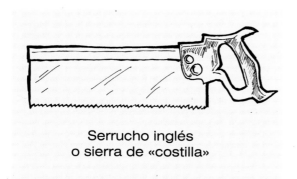

**Serrucho inglés
o sierra de «costilla»**

17. ◆ *Serrucho, también llamado sierra «de costilla». Omnipresente en la literatura de carpintería, este serrucho es ineficaz e incómodo de usar. ¿Por qué no ha escuchado esto antes? No lo sé.*

Serrucho estándar de carpintero

18. ◆ *Serrucho estándar de carpintero, o serrucho de panel. Los modelos más antiguos de este serrucho cortan mejor que los nuevos. Eso no es decir mucho. Un cuchillo de cocina para cortar pan probablemente corte mejor.*

Así que el serrucho apropiado resolverá muchos de los problemas de serrado en la buena ebanistería.

Existe otro factor: saber cómo es un buen «ajuste». El ajuste correcto para una unión de carpintería es en gran medida una cuestión de «sentimiento». Tiene que serlo. No es una constante; depende de la madera que se esté utilizando. Un buen ajuste en maple duro es diferente de un buen ajuste en abeto o ébano.

Así que si todas las maderas responden de manera diferente a la hora de cortar, horadar o cincelar, y si el ajuste de las uniones varía dependiendo de qué madera se está utilizando, es mejor aprender a hacer únicamente un ensamble primero en un tipo de madera, y practicarlo hasta que esté totalmente familiarizado con él. Luego podrá notar las diferencias cuando haga ese ensamble en otros tipos de madera. Cuando sepa cómo una madera se comporta, tiene una base para comparar.

SABIA UTILIZACIÓN DE SU TIEMPO EN EL TALLER

Estoy asumiendo, en todo este texto, que el objetivo del carpintero al leerlo es hacer cosas bellas con madera.

El propósito de este libro es enseñarle técnicas que se pueden utilizar siempre para que pueda alcanzar este objetivo. Cuánto mejor es conseguir un resultado concreto que ir dando vueltas en círculos. Muchos carpinteros componen y experimentan con herramientas intentando fabricarlas para trabajar (lo que es algunas veces como tratar de acelerar la muerte) y evitan aplicar sus conocimientos en el mundo real.

Una vez vi en un catálogo de cursos de carpintería que duraban una semana, que se daban clases sobre puesta a punto de cepillos de mano. Esto es una tontería. Dejar un cepillo que está en malas condiciones listo para trabajar podría llevar cerca de una hora, más o menos, no una semana. Un cepillo como ese normalmente hará un tipo de rebaje, en una pasada, en un tipo de situación. Ejemplo: Hará un rebaje de grosor medio, con los contrahierros inferior y superior colocados hacia atrás, sobre maderas duras de densidad media con un grano no demasiado difícil.

Puede trabajar con cepillos como este, pero es algo así como conducir un coche con el freno de mano echado. Se queda frenado. Lo mejor es comprar un cepillo de mano de buena calidad con el que empezar y luego aprovechar el tiempo para hacer otras cosas. A muchos carpinteros no les gusta esa idea. Uno me escribió para quejarse de que los cepillos que yo sugería que comprara eran caros (900 euros para un cepillo insignificante, un cepillo de igualar, uno de desbastar de ángulo bajo y uno de moldurar —todos ellos de la mejor hechura). ¿Son caros? Si compra un cepillo de mano bueno, tendrá la seguridad de una herramienta fiable. Hablando de tiempo y dinero, ¿cuál es el costo de estarse una semana apañando una herramienta mala? E incluso entonces no funcionará tan bien como una buena.

En lo que tenemos que pasar una semana es en cómo hacer que las cosas parezcan buenas. Por ejemplo, debería haber más clases y libros sobre estética de muebles. ¿Porque no pasamos horas haciendo diseños de una pieza tales como una cajonera hasta que consigamos la apariencia adecuada? ¿Porque simplemente seguimos planos de revistas a ciegas, nunca nos paramos a pensar, por ejemplo que «ese riel parece demasiado grueso y pesado», o «aquellos cajones son poco profundos para meter ropa en ellos», o «¿cómo mejoro la apariencia y la utilidad de esta pieza?» ¿Por qué encubrimos los aspectos realmente difíciles de la carpintería —campo en el que los shakers fueron tan expertos (las proporciones de los componentes de los muebles y la utilidad de la pieza), áreas que realmente conllevan tiempo y estudio para conseguir dominar la técnica (19)— en vez de gastar una semana aprendiendo cómo ajustar cepillos?

He aquí el porqué: porque es fácil poner a punto cepillos de mano y jugar con ellos. No tiene mucho riesgo, ni hay que pensar ni estudiar. Si no tiene éxito, realmente no importa mucho. Y en realidad no hace nada malo con ello —no va a herir a nadie, y si le sobra el tiempo, perfecto. Pero el hecho es que es una manera de evitar el objetivo final. Usted se puede convertir en experto en ajustar cualquier cepillo que exista en la tierra y sin hacer nada que merezca una condena. Además, si utiliza las mejores herramientas para empezar, aprenderá todo lo que necesita saber sobre cepillos de mano.

CONFÍE EN SÍ MISMO

Levantemos los patrones de carpintería, tanto en técnica como en estética. Este libro sirve de base para la parte técnica. Estoy más cansado de lo que yo creía que podría estar de

Mesa con hoja abatible de estilo Shaker

19. ◆ *Mesa con hoja abatible de estilo Shaker —otra pieza maestra. Es una mesa sencilla con un cajón y hoja trasera doblada. Si puede diseñar algo como esto, lo está haciendo muy bien. Gaste su tiempo estudiando este tipo de trabajos, no experimentando con técnicas inútiles.*

artículos de revistas y libros que enmudecen el proceso de carpintería para hacerlo fácil.

Un gran trabajo en cualquier medio no viene de un deseo de hacer las cosas fácil. Viene del trabajo duro, un esfuerzo concertado para ser verdaderamente excelente en algo.

Usted ya conoce más de lo que piensa hacer. ¿Quiere hacer muebles? Bien, toda la vida ha estado utilizando muebles. ¿Cómo le gustan? ¿Cuáles no le gustan? ¿Qué elementos de las cajoneras de su escritorio o dormitorio, por ejemplo, le gustaría mejorar? ¿Qué tipos de madera prefiere? ¿Realmente le gusta el nogal porque al chico que aparece en la revista de carpintería le gusta, o prefiere otra cosa? ¿Nunca ha visto una pieza hecha de madera de tulipero (álamo) y acabado con aceite de linaza? Es bonito. ¿Y qué hay sobre los acabados? ¿Le gusta la apariencia de la madera embalsamada y plastificada? Eso es lo que hace el poliuretano, pero los chicos de revistas y televisión dicen que usted debería usarlo. ¿Qué es lo que piensa? Está completamente en sus manos el diseño y acabado que su mueble

tiene. Usted probablemente tiene algunas buenas ideas pero no confía en su propio juicio.

Aquí tiene una idea: ¡Vaya a ver una tienda de muebles baratos! Yo crecí en una casa llena de muebles feos —aquellas piezas espantosas y baratas hechas en cadena con álamo teñido para que simularan cerezo demasiado claro, y luego barnizadas o lacadas que daban la impresión de que se las hubiera bañado en cristal líquido. Diseño copiado, estos muebles era igualmente horribles. Tenían unos ligeros toques suavizados de detalles de época, con la misma mala apariencia basta que hacían a la pieza demasiado alegre. Era difícil decir qué era peor, si el diseño o el acabado. No sabía entonces cuáles eran mis preferencias en muebles, pero realmente no era eso.

Después, muchos años más tarde vi una mesa costurero de estilo Shaker con cajones, hecha de madera de cerezo aceitado. La madera parecía real, tocable, y el acabado de aceite parecía agradable y natural.

Asimismo, el diseño era completamente simple y útil, pero impactante. Finalmente estaba al natural sin ningún complemento, de tal manera que la madera dejaba mostrar su belleza **(20).** Esa mesa fue una revelación. Nunca se me olvidará.

Así que confíe en sí mismo y procure alcanzar un buen nivel dejando a un lado todas esas tonterías que aparecen en la mayoría de las revistas de carpintería. ¿Por qué tomarse la molestia? Porque la carpintería debería ser un arte fino. Queremos tener cosas bonitas a nuestro alrededor hechas por personas que tienen entendimiento, sensibilidad y convicción sobre lo que están haciendo (¡y a quienes se les paga muy bien!). Todos los carpinteros, profesionales o no, deberían tener un verdadero y amplio conocimiento del oficio en vez de unas nociones superficiales y someras.

Mesa costurero de estilo Shaker

20. ◆ *Mesa costurero de estilo Shaker. Esta es muy parecida a la mesa Shaker que una vez vi con un bello acabado al aceite. Con una pieza Shaker como esta, el diseño siempre se ajusta al material perfectamente, la forma se ajusta al contenido. Nunca hay necesidad de engalanar las cosas hechas con madera.*

Uno

MADERA, SUPERFICIE PEGADA Y ENSAMBLAJES

«Lo que no entendemos, no lo podemos controlar».

—**Charles Reich**[2], *The Greening of America*

Como la madera es el material indispensable para cualquier cosa que haga un carpintero, primero trataremos de sus características y de la manera en que se comporta.

Hacer uniones fuertes para todos los tipos de proyectos de carpintería no es nunca un problema si se entiende lo que viene a continuación:

◆ 1. Un ensamble pegado óptimo es aquel que permite un máximo de superficie pegada en dirección a la veta, así como un máximo de resistencia mecánica.
◆ 2. Transversal a la veta no es una superficie para pegar[3].

Estas reglas hay que tenerlas en cuenta en cierta medida cuando se realizan uniones en carpintería si se quiere conseguir un resultado bueno y una conexión sólida. En algunos casos predominará la superficie pegada y en otros será el refuerzo mecánico, pero ambos tienen que estar presentes de alguna manera[4].

SUPERFICIE PEGADA EN DIRECCIÓN A LA VETA

En todas las maderas, las superficies en dirección a la veta permitirán espacio para pegar, adherir y unir la tabla al hilo de otra tabla, ya sea sobre el canto o en la cara (**1-1 a 1-3**). La dirección de la veta siempre se pegará a otra dirección de la veta. Esto es cierto para cualquier tabla, con cualquier pegamento, en todas las situaciones.

---

[2] Charles Reich es un antiguo profesor de la Facultad de Derecho de Yale y miembro ejecutivo fundador del Consejo de Defensa de los Recursos Naturales.

[3] Es posible sellar a contraveta con pegamentos modernos y conseguir algún poder de unión al hilo con unas prensas apretadas, pero esto no es práctico para la mayoría de las aplicaciones de carpintería.

[4] Algunas uniones de carpintería, tal como la de caja y espiga con cuña, etc., son uniones «noqueadas» que descansan completamente sobre refuerzo mecánico y no utilizan pegamento.

1-1. ◆ *Buena superficie para pegar. Superficie de canto unida a superficie de cara.*

1-2. ◆ *Buena superficie para pegar. Unión cara con cara.*

1-3. ◆ *Buena superficie para pegar. Unión canto con canto.*

1-4. ◆ *Transversal a la veta. El adhesivo no unirá estas superficies, porque no existe superficie de pegado.*

Contraveta es la parte cortada transversalmente a las fibras de la madera. La contraveta no se pegará a ninguna otra superficie —ya sea al hilo u otra zona transversal **(1-4)**. Se puede descartar para utilizar como superficie de trabajo pegada, y por ello ignorarlo cuando se realicen uniones o se decida sobre una unión para un proyecto en particular.

Merece la pena notar que la zona transversal a la veta no sólo aparece sobre los extremos de las tablas, sino también en el medio de ellas. Como se muestra en (B) de **1-5**, la sección cortada en la tabla (caja) es fundamentalmente transversal a la veta. Si fuéramos a cortar un trozo para ajustarlo (espiga), la junta sería predominantemente transversal a la veta y no sería muy fuerte **(1-6)**.

1-5. ◆ *La zona transversal a la veta no sólo se da sobre los extremos de las tablas (como se muestra en A), sino en el medio también.*

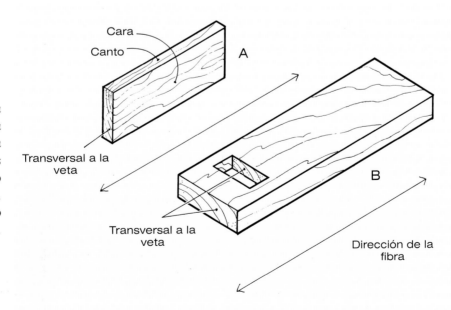

Cara

Canto

A

Transversal a la veta

Transversal a la veta

B

Dirección de la fibra

Por el contrario, **(1-7)** muestra las cajas y espigas cortadas de tal manera que dejan más superficie para pegar y por ello aumenta la zona de contacto; esta es una unión mucho más fuerte, y por ello mejor para pegar.

También es significativo advertir la circunstancia de que la madera se mueve. En las estaciones lluviosas, absorbe humedad y se expande ligeramente de forma transversal a la veta; en condiciones de sequedad (interiores en invierno) se encoge **(1-8)**. En cualquier unión en que se tengan que pegar partes a contraveta, generalmente no

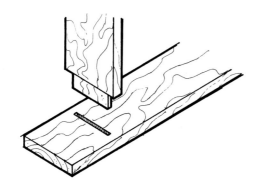

1-6. ◆ *Esta podría ser una unión pobre porque casi no existe superficie de pegado.*

1-7. ◆ *Esta unión es mucho mejor que la unión mostrada en 1-6 por las superficies al hilo en las cajas (agujeros) y las espigas (piezas salientes).*

1-8. ◆ *Dirección del movimiento de la madera.*

habrá problema si las piezas son de 100 mm o menores.

Un mueble es una combinación de muchas piezas colocadas en diferentes direcciones y en diferentes ángulos. ¿Cómo podemos conseguir siempre superficies pegadas al hilo de la veta en todas las partes? No podemos. Podemos, sin embargo, hacer piezas mecánicamente fuertes.

RESISTENCIA MECÁNICA

La resistencia mecánica simplemente consiste en utilizar la fuerza de una pieza de madera junto a otra para resistir el movimiento. Un ensamble en escuadra clavado **(1-9)** es una conexión mecánica. No es un engarce muy bueno porque incluso aplicando una ligera presión a la esquina, la pieza se soltará. Una caja hecha de esta manera se descuadrará por los cuatro lados. Esto se denomina *desgarre* **(1-10)**. No podemos reforzar esta unión con pegamento porque no existe superficie para pegar. Las únicas partes conectadas son una en dirección a la veta con otra transversal a la veta.

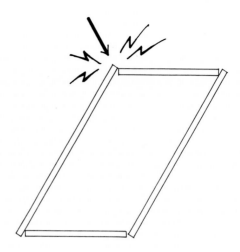

1-9. ◆ *La típica unión a escuadra clavada es muy pobre porque no tiene fuerza mecánica.*

1-10. ◆ *Cualquier fuerza sobre el ensamble clavado producirá un desgarre, es decir, se moverá.*

En **1-11**, los listones quedan pegados al hilo —máxima cantidad de superficie pegada. Si hacemos un rebaje como se ve en (B), existe aún más superficie de pegado, pero ahora tenemos incluso un ensamble mejor porque también tiene refuerzo mecánico. Esta unión se denomina *a media madera*.

La parte inferior del rebaje de cada pieza en el ensamble recto a media madera **(1-12)** ofrece la conexión necesaria para contar con resistencia mecánica. La fuerza de cada rebaje contra la otra tabla evita que se mueva. La combinación de esta resistencia mecánica junto con una buena superficie de pegado

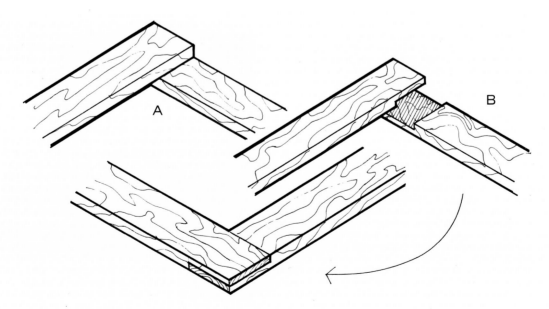

1-11. ◆ *Unión consistente en dos tablas pegadas y solapadas (A) cuenta con superficie de pegado, pero si tiene unos rebajes a media madera (B), además ofrece resistencia mecánica.*

hace de esta media madera un ensamble muy fuerte. La fuerza que se necesitaría para romperlo podría ser considerable.

Uno de mis ensambles favoritos es el de herradura **(1-13)**. Tiene dos rebajes como la media madera y el doble de superficie a pegar. Realmente es una unión abierta de caja y espiga; como se muestra en la figura **1-13**, la pieza (A) tiene la espiga y la pieza (B) la caja.

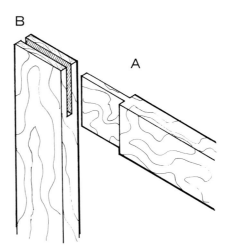

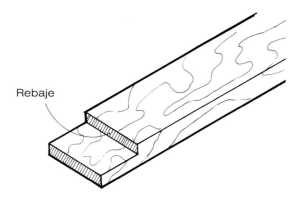

1-12. ◆ *Este rebaje de la unión a media madera da resistencia mecánica, evitando movimiento (desgarre).*

1-13. ◆ *El ensamble de herradura es una unión óptima de carpintería porque combina dos rebajes con cuatro superficies a pegar.*

Hablaremos de este ensamble en el Capítulo Seis, tanto de la unión a caja y espiga abierta como alojada. Generalmente hablando, la unión a caja y espiga es la base para todos los ensambles de carpintería porque posee la máxima cantidad de superficie a pegar unida a una gran resistencia mecánica.

¿Se debería utilizar siempre el ensamble de herradura en lugar de la media madera? No, no siempre. Algunas veces no es necesario, como se muestra en **1-14**.

Algunas veces, la unión a escuadra clavada, tan inapropiada que parece, es el ensamble adecuado que hay que utilizar.

Existen muchos tipos de ensambles en carpintería porque, por ejemplo, un joyero pequeño no necesitará la misma resistencia que una silla. El punto importante de esto es: Una vez que usted pueda hacer un ensamble a caja

1-14. ◆ *Unión a media madera utilizada en el marco delantero de esta cajonera. El marco de la cara se atornilla a la estructura, por ello, la superficie pegada y la resistencia mecánica del ensamble a media madera son lo más adecuado.*

y espiga, puede hacer cualquier otro ensamble. La experiencia le dirá cuál es la mejor unión para el proyecto en cuestión **(1-15)**. Ninguna respuesta única le resolverá todos los problemas. El mismo principio —el principio fundamental— se puede aplicar para realizar ensambles: Maximizar la superficie a pegar y la resistencia mecánica.

ADHESIVO

¿Cuál es el mejor pegamento para ensamblar diferentes piezas? Los adhesivos **(1-16)** de PVA (acetato de polivinilo) son los ade-

cuados. Existen toda clase de términos confusos y palabras pegadizas utilizadas para describir el adhesivo de PVA. Los pegamentos blancos y amarillos son de PVA. El pegamento amarillo de carpintero es un poco más espeso que el pegamento blanco, se seca más rápido y se lija mejor, por ello es un buen pegamento con el que trabajar. Todos los pegamentos de PVA se limpian con agua, y no son tóxicos, son baratos y lo suficientemente fuertes para utilizar sobre cualquier cosa.

1-16. ◆ *Pegamentos para madera blancos y amarillos. Todos son adhesivos de PVA (acetato de polivinilo) y funcionan bien. Lo importante es utilizar uno exclusivamente durante un tiempo y aprender sus características.*

1-15. ◆ *Unión de horquilla en una puerta de alacena. En esta puerta de marco y panel, la puerta es independiente y se une al cuerpo con bisagras. La unión de horquilla más fuerte (o caja y espiga abierta) es una mejor elección que la de unión a media madera.*

Una buena unión pegada en dirección a la veta será más fuerte que la madera real. Si rompe dos tablas unidas y bien pegadas de esta manera, siempre se partirán en cualquier punto menos en el punto donde se han pegado. Cuando los fabricantes de pegamentos dicen que sus productos forman una unión más fuerte que la propia madera, están diciendo la verdad. Pero también es cierto para todos los pegamentos preparados para madera. Ignore los eslóganes publicitarios. Elija un adhesivo amarillo, utilícelo y aprenda totalmente sus características. Después, si tiene que utilizar otro adhesivo, tendrá una base para comparar. (El pegado de tablas en paneles se explica en el Capítulo Cinco).

MEDICIÓN Y MARCADO DE MADERA

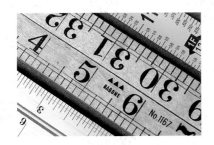

«Utilice herramientas de precisión con las que marcar y medir.
Si es posible, no mida».

—Frank Klaus[5], durante una comida con el autor.

omo en cualquier proyecto para fabricar un mueble bueno se empieza marcando las tablas para dimensionar (y más tarde para hacer ensamblajes), es obvio que la precisión en este primer paso es de vital importancia si el resultado que se quiere es un trabajo bien hecho. Marcar es un aspecto de la carpintería en el que la precisión es esencial.

Algunas veces los carpinteros lanzan términos como «perfectamente cuadrado» y «perfectamente plano»; en realidad estos términos no se aplican a la madera. Una tabla plana puede absorber humedad durante la noche y ser «menos plana» a la mañana siguiente, pero todavía está en buen uso. Una carcasa de armario se puede ensamblar quedando un poquito descuadrada (0,8 o 1,5 mm) y aún se puede considerar bien escuadrada. Pero marcar y medir son términos absolutos, la tabla está correctamente marcada y medida o no lo está. Esto no quiere decir que tenga que agonizar sobre cada marca. Marcar y medir es una labor que se debería hacer con rapidez y precisión.

El mejor de los métodos no consiste en medir algo. Usted marca las dimensiones sobre una vara, que es un listón con dimensiones marcadas. Las dimensiones se pueden hacer directamente desde un mueble, armario, etc. **(2-1).** Luego el palo se utiliza para transferir las dimensiones a las piezas de trabajo. Habitaciones enteras —especialmente cocinas— pueden tener sus sustanciales dimensiones marcadas sobre varas, y luego el artesano lo que hace esencialmente es «llevar» la habitación dentro del taller.

La vara elimina los fallos que se pueden cometer al inicio o al irlos acumulando

---

5 Frank Klaus, ebanista de New Jersey que también enseña en seminarios de carpintería, produce videos de carpintería y ha escrito con profusión sobre la materia, aprendió el oficio como estudiante en Europa.

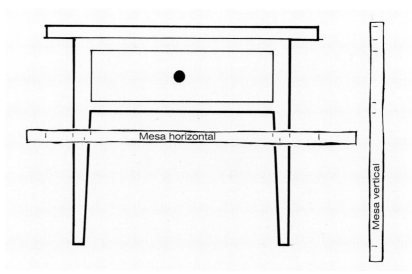

2-1. ◆ *La vara le permite marcar directamente (y con más precisión) una pieza o el espacio donde va una pieza (p.ej. una cocina) sin los errores acumulados que pueden ocurrir al anotar las medidas.*

Mesa horizontal

Mesa vertical

cuando se mide y se anota alguna dimensión. Y es más fácil que medir. El mejor fabricante de armarios que yo conozco lo dice de esta manera: «Marca, no midas».

HERRAMIENTAS PARA MARCAR Y MEDIR

Como muchas veces ocurre hoy en temas de carpintería, utilizar herramientas que estén bien hechas y de calidad es de una enorme importancia. Utilizar las herramientas correctas para marcar y medir, eliminará automáticamente un 80 por ciento de los posibles fallos.

De primordial importancia son las herramientas siguientes, que se muestran en **2-2**:

1. Escuadra combinada. Esta es la herramienta de medición más importante que puede tener si compra una buena. Compre una escuadra combinada como la que se muestra. Es la mejor que existe. Precisa, resistente y fiable, hace el trabajo de otras cuatro o cinco herramientas **(2-3 y 2-4)**. Tener una barata es peor que no tener ninguna, porque la mala información es peor que no tener información.

2. Metro plegable. Yo utilizo uno pequeño y antiguo hecho en Inglaterra. Es mucho más fácil para trabajar en el banco que un flexómetro.

3. Flexómetro. Compre uno de 19 mm de ancho, de una longitud de 4,5 o 5 m (una cinta métrica de 7,5 u 8 m es demasiado larga).

4. Medidor de cajas. Esta herramienta tiene una guía y dos clavijas para marcar cajas y espigas.

También se puede utilizar como gramil de marcado recto. Compre una de tipo japonés, que utiliza cuchillas en vez de clavijas

2-2. ◆ *Herramientas necesarias para medir y marcar madera. En dirección de las agujas del reloj desde la parte superior: metro plegable, cuchilla de marcar, lápiz, flexómetro, escuadra combinada y compás.*

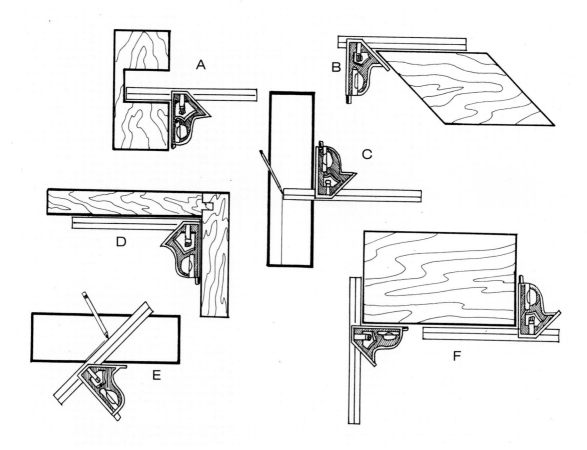

2-3. ◆ *Una escuadra combinada se puede utilizar para marcar piezas para cualquier tipo de aplicaciones incluyendo medición o ensamblajes. Se puede utilizar: A, como indicador de profundidad; B, como calibre en ángulo de 45°; C, como pieza para marcar; D, como guía para ángulos rectos; E, para marcar a 45°; y F, para comprobar la cuadratura de una tabla.*

2-4. ◆ *Aquí, una escuadra combinada se utiliza para marcar una tabla para un corte paralelo al grano con un serrucho de mano.*

(2-5 a 2-7). Las cuchillas trazan líneas claras y nítidas; las clavijas de los gramiles occidentales dejan marcas con arañazos (lo cual es inoperante).

2-5. ◆ *Dos tipos de gramiles japoneses (en realidad de caja). Cada uno de ellos le permitirá marcar con precisión una o dos líneas.*

5. Cuchilla para marcar. Yo utilizo una cuchilla tipo cutter de mango rojo. Las hojas son recambiables y no demasiado endebles. Una línea hecha con una cuchilla es mucho más precisa que la realizada con un lápiz.

6. Cuchilla fuerte. Utilice esta herramienta cuando tenga que marcar a más profundidad, o líneas más gruesas que las que puede hacer con una cuchilla de marcar. Una retráctil es más segura.

7. Lápiz. Uno del número 2 está bien. Tenga la punta afilada. Un lápiz de carpintero es demasiado ancho e impreciso para la carpintería fina.

8. Compás (opcional). Útil para marcados repetitivos. Compre uno bueno que no se doble o se desplace una vez ajustado.

Asegúrese de utilizar herramientas de la mayor calidad posible. Los mejores artesanos que conozco utilizan herramientas de mucha calidad, y tienen su por qué. El marcado es el primer paso en el proceso de trabajar la ma-

2-6 y 2-7. ◆ *Los gramiles japoneses pueden marcar líneas sencillas o dobles para hacer una muesca.*

dera. Los pequeños errores iniciales se pueden repetir y acumular dando como resultado un cúmulo de imprecisiones más tarde.

Por ejemplo, una vez comparé dos escuadras combinadas —una Starrett y una de marca de un conocido fabricante que estaba rebajada (Clase Profesional, la llama el fabricante). En el borde recto de una tabla, tracé una línea con la hoja extendida unos 25 cm. Dando un golpe con los dedos a la lengüeta ajustable al otro lado de la hoja, hice otra línea. Las líneas Starrett ajustaban exactamente. La herramienta es precisa. La escuadra de saldo trazó dos líneas que empezaban en el mismo sitio, pero se bifurcaban en forma de «V».

Los extremos de la «V» estaban casi a 3 mm uno del otro. Eso es un error de 1,5 mm en 25 cm —un gran error. ¡Útilice esa escuadra para marcar las cuatro juntas de un frente de armario o marco de puerta y le podrían faltar 6 mm o más en el momento en que la fuera a ensamblar! Sobre una pieza más grande el error podría ser mucho mayor.

Los auténticos expertos (no los escritores ni los charlatanes) utilizan herramientas de gran calidad porque son precisas y eliminan errores. La mejor que existe es la que usted necesita.

TÉCNICAS SIMPLES

Los procedimientos de marcar y medir se verán cuando sean necesarios en posteriores capítulos, pero aquí se muestran unas cuantas técnicas manuales generales que hay que conocer: Se incluyen técnicas para dividir una tabla en partes iguales, hallar el centro de tablas, corte paralelo a la veta, hacer un corte en forma de «V» y cepillar a contraveta.

Dividir una tabla en partes iguales

Si la tabla que va a dividir mide unos 150 mm, por ejemplo, y tiene que dividirla en seis partes, no tiene que hacer el cálculo sobre el total. Coloque el compás a unos 20 mm y «camine» a lo ancho de la tabla. Cuando, después de seis pasos, se pase o se quede corto, juzgue a ojo la cantidad total que queda y añada o reste la sexta parte de esta cantidad. La tercera vez que lo haga, debería tener la distancia exacta (**2-8**).

Hallar el centro de una tabla

Para encontrar el centro de la anchura, longitud o grosor de una tabla, primero mida la dimensión total que desea dividir. Digamos que queremos dividir la anchura, y usted mide 120 mm para la anchura total. Coloque una escuadra combinada aproximadamente a la mitad, 60 mm.

Ahora, haga una marca desde cada lado de la tabla en la posición. *Las marcas no se juntarán; habrá un espacio entre ellas.* A ojo, haga otra marca entre las marcas. Ese es el centro de la anchura de la tabla (**2-9**).

2.8. ◆ *«Paseando» a pasos iguales una tabla con compás. Juzgue las divisiones de la anchura total a ojo y ajuste las partes hasta que estén igualmente divididas. Esto es mucho más fácil que calcular dimensiones.*

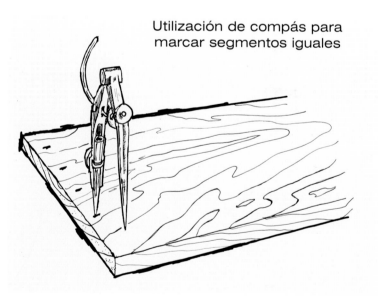

Utilización de compás para marcar segmentos iguales

Marcar un corte rasgado (línea paralela)

Puede disponer cualquier dimensión que desee sobre la escuadra combinada y dibuje una línea a lo largo de la tabla paralela al borde recto. Mantenga un lápiz afilado en contacto con el extremo de la cuchilla según la desliza para ensamblar a lo largo del borde **(2-10).**

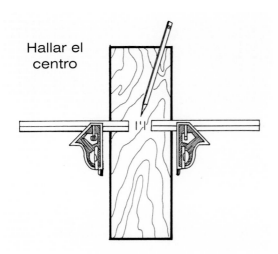

2-9. ◆ *Con una escuadra combinada se puede encontrar con facilidad el centro de la tabla.*

2-10. ◆ *Una escuadra combinada puede marcar una línea paralela al borde de una tabla, hasta 25 cm.*

Marcar y hacer un corte en «V»

Un corte en «V» **(2-11)** es útil para principiantes que están aprendiendo a realizar cortes transversales a mano, pero es también necesario para ensamblajes tales como colas de milano deslizantes, molduras a mano, ranuras, etc.

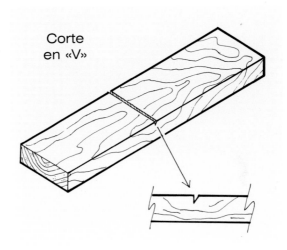

2-11. ◆ *Un corte en «V».*

Con la tabla sujeta, haga primero una línea transversal a la veta con la cuchilla de marcar **(2-12).** Mantenga la lengüeta junto a la tabla con su dedo pulgar, y su índice junto a la hoja.

2-12. ◆ *Marcado de una línea con una cuchilla de marcar.*

Los otros tres dedos descansan sobre la tabla. La lengüeta tiene que estar pegada al borde, la hoja plana junto a la cara de la tabla, y todo el ensamble listo. Marque la línea con la cuchilla. Con la cuchilla queda una línea fina; no aplique demasiada presión.

A continuación, tome la cuchilla fuerte y profundice la línea **(2-13).** Haga dos o tres pasadas, utilizando más presión cada vez. Esté relajado y observe sus dedos. Si está tenso, la cuchilla se puede escurrir. Utilizando un formón, corte una ranura en forma de «V» a un lado de la línea **(2-14).** La hoja de sierra descansará en esta ranura cuando haga el corte **(2-15 y 2-16).**

2-13. ◆ *Profundice la línea con una cuchilla fuerte.*

2-15. ◆ *El corte en «V» acabado.*

2-14. ◆ *Utilizando un formón haga un corte en «V».*

2-16. ◆ *La hoja de la sierra descansa en el corte en «V» y el serrado se hace bien y con precisión.*

Técnicas de marcado para cepillar por un extremo

El método que se describe a continuación se utiliza a menudo para fabricar armarios. El marcado es tan responsable de obtener un buen resultado como la planificación. Con una cuchilla de marcar, haga una marca alrededor de la tabla. Profundícela con una cuchilla más fuerte. Ahora la tabla se puede serrar aproximadamente de 1,5 a 3 mm sobrepasando el corte (en el lado que se va a desechar, por supuesto). Sujete la tabla cara arriba en el torno y pase el cepillo por las líneas con el cepillo de contrafibra de ángulo bajo afilado (2-17).

Cepille desde el medio así no hará jirones las fibras. Primero cepille el lado izquierdo. Sabrá cuando parar al ver la línea marcada (2-18). Ahora haga lo mismo con el lado derecho. Ahora tiene una joroba en el medio con ambos lados cepillados hasta la línea marcada. Cepille la parte plana del medio y habrá acabado (2-19).

RECUERDE

El marcado preciso ahorra mucho tiempo y problemas. Las líneas bien marcadas, hechas con una cuchilla, son parte del proceso de corte de ensambles. Al cepillar transversalmente, las líneas le mostrarán cuando parar. Al realizar ensamblajes, el éxito de la unión viene determinado en el momento de marcar. Hágalo correctamente y las juntas ajustarán.

Un profesor mío dijo: «Cortar este ensamble no es duro. Si lo puedes marcar bien, lo puedes cortar bien».

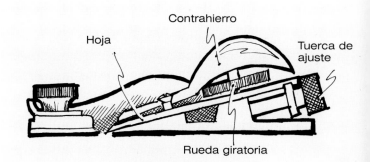

Esquema
cepillo de contrafibra de ángulo bajo

2-17. ◆ Cepillo de contrafibra de ángulo bajo. No es una herramienta de medición, se utiliza para cepillar extremos. Sin embargo, la medición es también una operación como la planificación. El ángulo bajo de la hoja es óptimo para este trabajo.

2-18. ◆ «Bloqueando» con el cepillo de contrafibra hasta que las líneas muestran donde tiene que parar.

2-19. ◆ Extremo cepillado convenientemente por la línea.

SERRADO PARALELO

«¿Serrar a mano? Una sierra de bastidor es lo mejor. Sí.»

Tage Frid[6]

Esta es quizás la habilidad más esencial en artesanía y carpintería. No ser capaz de serrar con precisión por una línea de corte con una sierra de mano refleja una desconcertante falta de capacidad. Significa que para cada tabla que haya que cortar en paralelo o tronzar, para cada panel serrado y para cada unión que tenga que cortar —caja, cola de milano, o incluso *riñón*— usted tiene que realizarlo colocando el material sobre una máquina. Eso es el equivalente a un pianista que no es capaz de tocar sin acompañamiento automático de un teclado electrónico.

Es simplemente ridículo utilizar una máquina para cortar 6 mm de material, pero mucha gente lo hace. Un carpintero «experto» una vez me sugirió ¡qué utilizara un cabezal dentado para cortar rebajes en cuatro espigas! Increíble. En el tiempo que me hubiera llevado desenroscar la palomilla de la hoja de la sierra de bastidor para colocar el cabezal, se podrían haber cortado las cuatro espigas con un serrucho.

Cuando algún carpintero o alumno me dicen que no pueden cortar bien con un serrucho o que el trabajo es demasiado lento, yo sé que o bien están utilizando una sierra que no es la adecuada, o bien la sierra está afilada y triscada de manera incorrecta. Generalmente suele ser ambas cosas. Este capítulo mostrará los tipos de sierras que se utilizan y los métodos para determinar y ajustar el grado de colocación de la hoja. El afilado de una hoja desgastada se muestra en el Capítulo Cuatro.

LA SIERRA DE BASTIDOR

La sierra que todos los artesanos de muebles utilizan en la Europa continental es la sierra de bastidor **(3-1)**. Todos los artesanos de la Europa continental que he conocido o con los que he hablado aprendieron con una. Ellos la utilizan para todo: dimensionar, corte paralelo y tronzado de tablas, realización de ensambles, cortes curvos, etc. El motivo de que siga siendo una herramienta insólita en los Estados Unidos es para mi un profundo misterio. Con dos sierras de arco usted podría hacer todos los serrados necesarios para hacer un mueble entero.

La sierra de bastidor es la mejor sierra que existe, por varias razones. Lo primero de todo, corta muy rápido (si una sierra corta despacio, no es útil). Además, la hoja se sujeta en tensión con el marco, así que no se balanceará ni retorcerá según corta, como hace el clásico serrucho de carpintero[7]. Debido a que se mantiene en tensión, la hoja es muy fina. Esto ayuda a cortar no sólo con rapidez, sino también con precisión **(3-2 y 3-3)**. Y el diseño de la hoja de una sierra de arco es también muy gratificante —es fácil de afilar incluso para principiantes.

Antes de continuar, existen algunas malinterpretaciones generales con respecto a sierras de bastidor que a menudo se mencionan en la literatura sobre carpintería y que vamos a tratar.

---

[6] Tage Frid es un antiguo profesor de Carpintería del Instituto de Tecnología Rochester y de la Escuela de Diseño de Rhode Island.

[7] Las sierras japonesas para hacer corte paralelo y tronzar, utilizadas en una opción de tirar en lugar de empujar, tienen hojas finas las cuales —al tirar de ellas— tampoco se doblan ni cimbrean. Funcionan bien. Sin embargo, los dientes tienen una configuración delicada que los hace difícil de afilar y triscar.

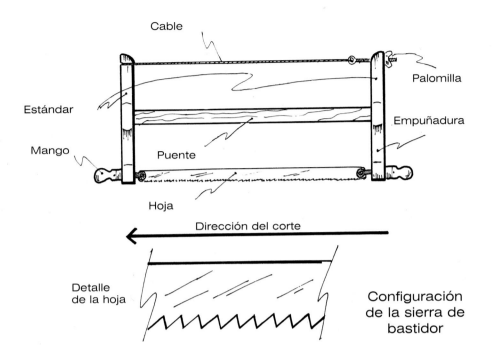

Cable

Palomilla

Estándar

Empuñadura

Mango

Puente

Hoja

Dirección del corte

Detalle de la hoja

Configuración de la sierra de bastidor

3.1. ◆ *Sierra de bastidor de ebanista (modelo alemán). Para ajustarla, ponga la empuñadura en el mismo lado que la palomilla; de esta manera siempre sabrá por donde agarrarla.*

3-2. ◆ *Comparación de la velocidad de corte de una sierra de bastidor cuando se corta en paralelo (corte en la dirección de la veta) con un serrucho estándar de carpintero. En diez pasadas, una sierra de bastidor de 5 puntos corta más del doble que un serrucho con el mismo número de dientes por cm. Una sierra de bastidor de 9 puntos con el doble de puntos (dientes) por cm corta aproximadamente el doble.*

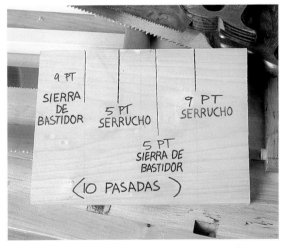

3.3. ◆ *Comparación de la velocidad de corte de una sierra de bastidor con un serrucho cuando se corta transversal a la veta. Los serruchos, con 5 y 9 puntos por cm, hacen un corte ligeramente mejor transversal a la veta que al cortar al hilo, pero los resultados de la sierra de bastidor son claramente superiores.*

La más común es que una sierra de bastidor viene únicamente con una estrecha hoja y sólo se utiliza para cortar curvas (corte de marquetería). No es verdad. Las hojas de sierra de arco vienen en anchuras de 38 mm, con dientes grandes y pequeños, así como en anchuras reducidas para corte de marquetería, y se utilizan para realizar cortes paralelos y cortes transversales, al igual que corte de marquetería. También es falsa la idea de que la sierra de arco inglesa con forma de arpa es la única que se puede encontrar. Por mi experiencia, he comprobado que estas sierras son muy bonitas de apariencia pero imposibles de sujetar y difíciles para hacer cualquier trabajo con ellas.

Las mejores sierras de arco se fabrican en Alemania. Como se muestra en **(3-1)**, llevan un cable y una palomilla para tensar la hoja en vez de cuerda y taco de madera. Esto supone una ventaja —usted no tiene que soltar la cuerda cuando está haciendo uso de ella. El otro modelo procede de Dinamarca y es más pequeño; se utiliza para cortar ensambles y otros trabajos pequeños. El modelo danés utiliza cuerda y taco de madera para tensar.

Yo compraría una sierra de arco grande alemana con una hoja de 75 cm, 5 puntos por pulgada[8] y una de 50 cm de hoja con 9 puntos por pulgada (los modelos de 50 cm quizás sean difíciles de encontrar). También compraría una de tipo danés con hoja de 9 puntos **(3-4)**. Siempre tengo a mano una hoja de recambio de cada sierra.

Otro punto a tener en cuenta: Compre las sierras de arco, no las fabrique usted mismo, especialmente si están hechas de viejas hojas de sierras de banda. La hoja de una sierra de banda es demasiado estrecha para una sierra

---

8 Se refiere al número de dientes que hay en una pulgada. Por ejemplo, una hoja de 9 puntos tiene 9 dientes por pulgada.

---

de arco de ebanista, e incluso, aunque no lo fuera, la disposición de los dientes no es la adecuada para un serrucho. Los europeos llevan siglos fabricando sierras de arco y hojas, y

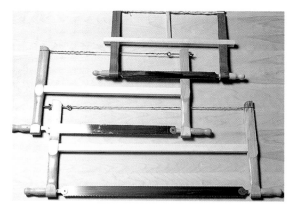

3-4. ◆ *Sierras de arco que utilizo en mi taller. Con estas sierras los carpinteros pueden hacer cosas admirables. Abajo: sierra de arco alemana de 71 cm, 5 puntos por pulgada. En el medio: sierra de arco alemana de 50 cm, 9 puntos por pulgada. Arriba: sierra de arco danesa de 40 cm, 9 puntos por pulgada. (Las indicaciones en pulgadas americanas son aproximadas).*

no son caras. Aprovéchese de esa experiencia. Usted se está esforzando (¡supongo!) para llegar a ser un carpintero artesano hábil, no un fabricante aficionado.

DIENTES PARA CORTE PARALELO Y TRONZADO

Usted habrá leído que existen sierras (y hojas) diseñadas para tronzar y sierras (y hojas) diseñadas para cortar al hilo. Con respecto a la sierra de bastidor, estas distinciones se pueden ignorar. Todos los modelos serán para corte paralelo.

Los perfiles de hoja de tronzado originalmente los utilizaban los carpinteros para evitar que se rompieran las fibras en madera de marco húmeda. Desde que utilizamos maderas duras secas para ebanistería, el perfil longitudinal funciona mejor (más rápido), tanto al hilo como transversal. Todos los perfiles de hojas de tronzado ralentizarán el corte.

TRISCADO

El triscado es la desviación que los dientes tienen uno respecto a otro. Si usted observa de frente los dientes de cualquier hoja de sierra, puede ver que se inclinan en direcciones alternas —uno va a la izquierda, el siguiente

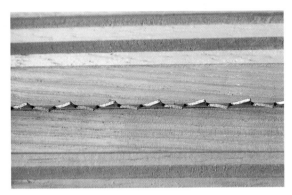

3-5. ◆ Los dientes de esta hoja muestran demasiado «triscado» para cortar maderas duras en seco.

va a la derecha, etc. Eso es el triscado. La medida en que van a izquierda y derecha es el *grado* del triscado.

La mayoría de las sierras vienen con mucho triscado. La ilustración **(3-5)** muestra una hoja de 5 puntos con demasiado triscado.

Cuanto más triscado tenga una hoja, más despacio cortará (sin embargo, el exceso de triscado es bueno para cortar madera verde o «húmeda»). Para quitar el exceso de triscado de una hoja de sierra, coloque la hoja plana sobre un yunque de herrero y *ligeramente* golpee los dientes que sobresalen. Primero haga un lado, y luego el otro. Los tornos de banco de cerrajero más baratos cuentan con un pequeño yunque con superficie plana detrás de las mordazas que puede valer para esto **(3-6).**

3-6. ◆ Un golpe a cada diente con la boca de un martillo de bola pequeño quitará el exceso de triscado de una hoja de sierra.

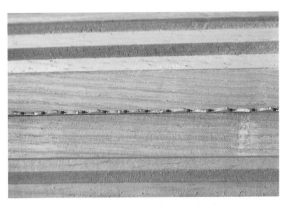

3-7. ◆ Estos dientes de sierra de arco de 5 puntos tienen la cantidad adecuada de triscado. En realidad parecen como si no estuvieran triscados.

Serrucho de cola de milano con mango torneado o «de ebanista».

3-8. ◆ Serrucho de «ebanista» con mango torneado También llamada sierra de cola de milano, esta sierra es útil para desbarbar y cortar piezas muy pequeñas de madera. Se afila con limas de aguja triangulares. Los dientes casi no deberían tener triscado.

La cantidad adecuada de triscado es casi invisible. Para comprobar el triscado correcto de una hoja de sierra de bastidor, hay que ver si los dientes se desvían ligeramente unos de otros (3-7). Un pequeño serrucho de mango torneado, algunas veces denominado serrucho de cola de milano o «de ebanista» (3-8), realmente no necesita triscado porque su máxima profundidad de corte es únicamente unos 2 cm. Una vez empiece puede dejarlo como está.

Algunas sierras de arco alemanas vienen con hojas de 5 puntos que tienen la cantidad correcta de triscado. Éstas las fabrica V. Putsch. Las hojas Putsch no necesitan reajuste. Una tienda de herramientas americana vende sierras de bastidor de Alemania. Todas las hojas tienen demasiado triscado y se tienen que golpear y ajustar. También las hojas de sierras de bastidor danesas hay que reajustarlas.

Una última cuestión sobre sierras de bastidor: Como las hojas vienen dispuestas en un marco, tienen que ser lo suficientemente largas como para que le dejen suficiente «recorrido» según corta. («Recorrido» es la longitud de la pasada del corte.) Una sierra de bastidor para realizar corte paralelo y tronzar (5 puntos) tiene que tener una longitud mínima de 68 cm; mejor si es de 76 cm. Mi sierra de bastidor de 50 cm tiene una hoja de 9 puntos y me sirve para cortar ensambles —espigas, herraduras, colas de milano gruesas, etc. (Esto lo puede ver en el Capítulo Seis.) La sierra de bastidor danesa de 40 cm y 9 puntos hace la misma función.

No intente utilizar una hoja de marquetería estrecha para cortes rectos (se desvía en la madera y no corta derecho), y no utilice una sierra de bastidor con hoja pequeña para un trabajo grande.

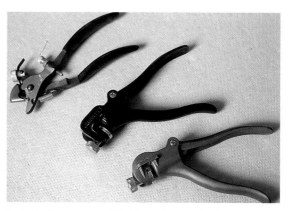

3-9. ◆ *Triscadores. El del medio y el de abajo son fáciles de usar. El que aparece más arriba es un modelo alemán que es un poco más difícil de utilizar.*

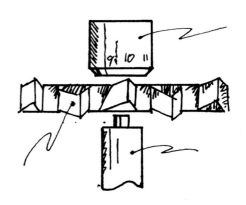

3-10. ◆ *Funcionamiento de un triscador. Con la hoja sujeta sobre las mandíbulas del alicate, el émbolo empuja un diente junto a un pequeño yunque biselado para doblar cada diente en la misma medida.*

HERRAMIENTAS PARA TRISCAR DIENTES DE SIERRA

Estas herramientas se llaman tenazas de triscar; las más fáciles de utilizar se parecen a unos alicates achaparrados (3-9). Yo utilizo unas de Stanley para las sierras con dientes más grandes, y un modelo japonés fabricado por Somax (número 250) para los dientes más pequeños. Al usar, los dientes de la sierra se sujetan junto a un yunque y un émbolo empuja el diente hacia fuera sobre el yunque, creando el triscado

(3-10). El yunque tiene un bisel graduado a su alrededor. Los números más bajos sobre el yunque son para triscado mayor; los números más altos son para menos triscado. No existe correlación entre los números sobre el yunque y el número de dientes por pulgada.

Para hojas de sierra de bastidor de 5 puntos trisque sobre la herramienta Stanley, posición I del yunque en el número 12. Para hojas de 9 puntos ajuste sobre la herramienta Somax, yo utilizo una posición entre el 9 y el 10 **(3-12).**

Con la sierra agarrada ligeramente en el banco, golpeo la hoja y los dientes hacia mi y los trisco **(3-13).**

Como norma general, no tendrá que volver a ajustar los dientes hasta que se hayan afilado tres o cuatro veces por lo menos. Si tiene una sierra de bastidor Putsch, déjela tal cual viene. Con cualquier otra sierra de bastidor o de mango torneado, dele unos golpecitos y deje así la sierra.

3-11. ◆ *Triscador con el ajuste adecuado para los dientes de una sierra de bastidor de 5 puntos.*

3-12. ◆ *Triscador (para dientes más pequeños) con el ajuste adecuado para los dientes de una sierra de bastidor de 9 puntos.*

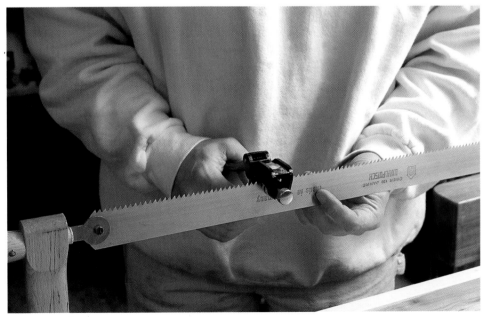

3-13. ◆ *Triscado de dientes de sierra. Aquí estoy utilizando el triscador Stanley para mi sierra de bastidor de 5 puntos. El triscador empuja los dientes en dirección contraria a donde está usted, por ello haga un lado, gire la sierra del revés y luego haga el otro.*

SERRADO POR UNA LÍNEA

Para hacer un tronzado con una sierra de bastidor, primero haga un corte en «V» a lo ancho de la tabla, como se describe en el Capítulo Tres. Luego coja la sierra y compruebe que la hoja está recta y no retorcida. Alinee la hoja recta con el marco.

Sujetar la sierra es importante. Existe la creencia general de que una sujeción fuerte de la sierra proyecta fuerza en el corte, pero no es así. Sujete la sierra con delicadeza. Hágalo como si estuviera sujetando un pajarito (los jugadores de golf sabrán de lo que estoy hablando): demasiada poca presión y el pájaro volará; excesiva y le matarás.

Sujete la sierra sobre la línea con su dedo pulgar. Tire de la sierra hacia atrás en toda la longitud de la hoja para empezar el corte. Ahora empuje hacia delante, cortando la madera por la línea **(3-14).** Según se acerca al extremo del corte, sujete la tabla con su codo izquierdo y alcance a través de la sierra para sujetar la pieza a la derecha para que no se caiga y se astille al acabar el corte.

Para serrar al hilo, trace una línea con el lápiz ayudándose de la escuadra combinada (más fácil de ver con el grano) a una cierta distancia desde un borde recto de la tabla. Sujete verticalmente la tabla en el banco. Ladee la hoja haciendo un pequeño ángulo para que quede libre la tabla según va cortando **(3-15).** Alinee la hoja con el dedo pulgar, tire de la sierra hacia atrás, y corte como antes.

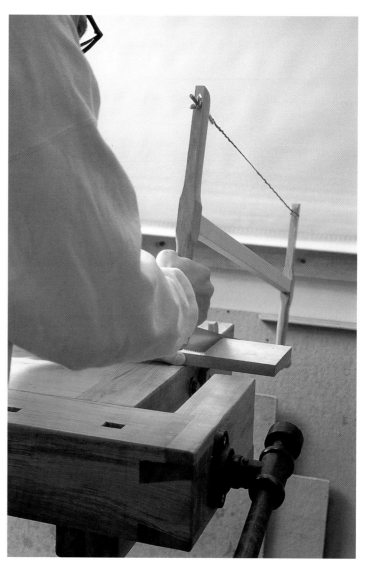

3-14. ◆ *Corte transversal con una sierra de bastidor. Si agarra la sierra de bastidor dejándola un poco suelta y presta atención a la línea de corte, parecerá que la sierra está cortando sola.*

Cuando sierre al hilo o transversalmente, utilice una hoja entera. Haga pasadas largas. Cada pasada debería utilizar casi todos los dientes de la hoja.

Al empezar a cortar con una sierra de bastidor, parecerá un poco laborioso y demasiado pesado. No hay un truco rápido o consejo que le pueda dar que pueda hacer el corte más rápido o más fácil. Es un problema de acostumbrarse a la sierra.

Un buen carpintero con una sierra de bastidor puede sujetar con bastante facilidad una tabla de tamaño medio.

Debería dominar la utilización de la sierra de bastidor. Aquí se explica cómo. Coja una pila de tablas (de unos 60 cm de largo y unos 12 cm de ancho) y marque 50 líneas transversales y 50 paralelas. No cuatro cortes, 50. Gaste dos o tres horas de su tiempo. Le convertirá en un operador mecánico para el resto de su vida. Cuando lo haya hecho, será capaz de hacer algo que solamente un dos por ciento de los carpinteros de Estados Unidos puede hacer.

3-15. ◆ *Serrado paralelo con una sierra de bastidor. La hoja de una sierra de bastidor se puede girar en ángulo con el marco para dejar libre la tabla en un trabajo como éste. Estas sierras cortan tan bien que puede hacer proyectos enteros con ellas.*

AFILADO
DE HERRAMIENTAS

«Una cuchilla afilada en más importante que el caballo de vapor.»

Arthur Chapin[9]

no de mis primeros recuerdos sobre carpintería es el de aprender a afilar correctamente. Mi profesor no sólo afilaba hojas de cepillo y de formón, sino también las hojas del serrucho, cuchillas, anzuelos, herramientas para tallar —cualquier cosa. Él podía hablar durante horas sobre cosas como el acero, el comportamiento del acero, templado de la hoja y, principalmente, de los espantosos bordes mal cortados. Hoy, si él apareciera por mi taller y cogiera una herramienta para cortar que no tenga el filo de una cuchilla de afeitar, yo tendría que repasar la lección entera de nuevo —¡incluyendo la parte de cómo los antiguos romanos probaban si sus espadas recién afiladas cumplían su misión metiéndolas en el cuerpo de un esclavo! (No recomiendo eso.)

Es importante que las herramientas que se van a utilizar estén bien afiladas. Del 80 al 90 por ciento de los problemas cuando se utilizan cepillos, por ejemplo, vienen de una hoja embotada. Utilizar el formón es difícil y peligroso a menos que la herramienta esté afilada, y no hay nada peor que tratar de cortar con un serrucho despuntado. En la mayoría de los libros de carpintería, estos detalles a menudo se consideran como innecesariamente complicados. Aprender a afilar herramientas correctamente es fácil.

AFILADO DE SERRUCHOS

Una vez el triscado sobre la hoja de un serrucho es correcto (ver capítulo anterior), es

4-1. ◆ *De izquierda a derecha: lima fina para hojas de 5 puntos; lima extrafina (XX) para hojas de 9 puntos; hoja de sierra de arco de 9 puntos; y hoja de sierra de bastidor de 5 puntos.*

importante mantener los dientes afilados. Para afilarlos, utilice una lima triangular que se ajuste al tamaño de los dientes **(4-1)**, limando en un ángulo de 90° respecto a la hoja. No es necesario girar la hoja y limar desde ambos lados, ni tampoco es necesario un perfil de dientes para tronzar ¿Por qué nunca antes había escuchado esto? No lo sé. Estas técnicas han funcionado maravillosamente en mi taller durante muchos años, y también a usted le funcionarán.

---

[9] Arthur Chapin es un carpintero y artesano de Fairport, estado de Nueva York.

¿Cómo se sabe si una hoja no está afilada? Obsérvela. Las puntas de una hoja embotada reflejarán luz, así que usted verá pequeños puntos de luz brillando en los dientes (4-2). Un diente afilado no tiene el canto recto, por ello no destelleará. Termina en un punto afilado. Desde ahora en adelante, dondequiera que esté, puede coger una hoja de serrucho de acero (o cualquier canto de corte de acero, para esa materia), mire los dientes y podrá decir con desenvoltura si está afilado o despuntado.

Como utilizo serruchos a diario, suelo verificarlos una vez cada quince días. A la menor señal de luz en las puntas de los dientes, los afilo.

TORNO DE BANCO PARA SIERRA

Necesitará un torno de banco para afilar con el fin de mantener la hoja bien sujeta mientras la lima. Algunas de las fotografías muestran uno que Tage Frid me enseñó a fabricar hace algunos años. Todavía lo utilizo, pero he diseñado un torno de banco (4-3) que tiene algunas ventajas.

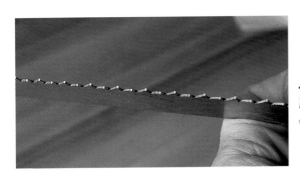

4-2. ◆ *Para determinar si la hoja está afilada, obsérvela. Esta hoja de sierra está despuntada —existen cantos visibles sobre los extremos de los dientes que reflejan luz.*

4-3. ◆ *Este torno de banco para afilar —que es fácil de fabricar— hace que el limado de dientes de sierra sea fácil. Las mandíbulas de caucho son muy efectivas para sujetar con firmeza la hoja de sierra de acero aplicando una presión moderada en la sujeción.*

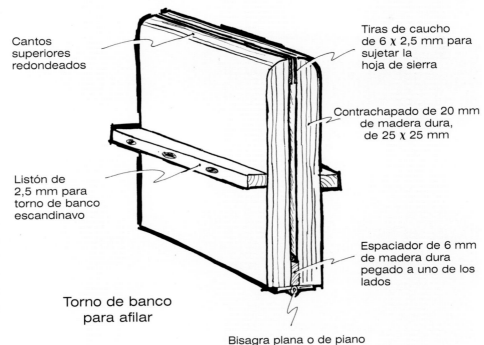

Cantos superiores redondeados

Tiras de caucho de 6 x 2,5 mm para sujetar la hoja de sierra

Contrachapado de 20 mm de madera dura, de 25 x 25 mm

Listón de 2,5 mm para torno de banco escandinavo

Espaciador de 6 mm de madera dura pegado a uno de los lados

Torno de banco para afilar

Bisagra plana o de piano

La más importante es que las mordazas que sujetan la hoja de la sierra están hechas de caucho. Estas son mucho más eficaces que las mordazas de madera del torno de Frid. Cuando las mordazas de goma agarran la hoja, la sujetan mucho más con menos esfuerzo. El espaciador, pegado a una de las zonas más bajas, asegura que las mordazas de caucho mantengan una sujeción uniforme y buena sobre la hoja y que la hoja no se deslice.

Otra ventaja es que los bordes superiores simplemente se han redondeado con una escofina y luego se han lijado, o únicamente se pueden lijar. Estos bordes redondeados le permitirán mantener las manos cerca mientras trabaja, y son cómodos cuando sus brazos los rozan. Este torno sujetará la hoja en óptimas condiciones y le permitirá limar hojas de sierra con facilidad.

Si utiliza un torno de banco de estilo inglés, no necesita listones sobre los lados del torno. Los listones descansan sobre la parte superior de las mordazas del banco de tipo es-

candinavo y evitan que el torno se caiga al suelo.

Para fabricar uno, empiece con dos piezas de contrachapado de madera dura de 25 χ 25 mm (abedul, encina, etc.) **(4-4).** En una ebanistería tendrán algún retal. Yo utilizo contrachapado de laguán de centro de tronco de 20 mm, y también funciona bien. Lo que no tiene que hacer es utilizar contrachapado para forrar o encofrar (construcción).

También necesitará dos pequeñas bisagras de piano (yo utilizo unas usadas), una pistola para aplicar pegamento caliente, y dos trozos de material de caucho de junta de culata de un grosor de 3 mm y de 2,5 χ 25 mm. Si tiene problemas para conseguir el caucho de la junta de culata, puede utilizar la parte interior de una cubierta de neumático o adquirir piezas más finas en una tienda de bicicletas y pegar varias para hacerlas más gruesas. El espaciador debería tener el mismo grosor que las mandíbulas de caucho cuando queden pegadas sobre las piezas de contrachapado; en este caso, tendrá un grosor de 6 mm. En la

4-4. ◆ *Materiales necesarios para fabricar un torno de afilado: piezas de contrachapado, tiras de caucho, bisagras (aquí se muestra un trozo de bisagra de piano), pistola para calentar pegamento y destornillador. Nótese que la pieza que hace de espaciador ya está pegada a una de las piezas de contrachapado.*

ilustración **4-4,** el espaciador ya está pegado sobre las piezas de contrachapado.

Cuando ya tenga todo preparado, extienda el pegamento caliente sobre la parte interior superior de una de las piezas de contrachapado **(4-5).**

Extiéndalo para que haya pegamento en toda la longitud de la pieza de goma. Presione la pieza de goma hacia abajo uniforme-

mente sobre el pegamento todavía caliente **(4-6).** Asegúrese de que hay buen contacto a lo largo y a lo ancho de la pieza. Haga esto con las dos piezas de caucho. Después, atornille las bisagras sobre la parte inferior de las dos piezas para hacer un torno **(4-7).** Verá que este torno es ideal para las largas hojas de las sierras de bastidor, así como para todo tipo de serruchos **(4-8).**

4-5. ◆ *Aplicación de la mezcla caliente de pegamento para adherir las mandíbulas de caucho al contrachapado. Limpiar las piezas de caucho es una buena idea. ¡Trabaje con rapidez!*

4-7. ◆ *Colocación de la bisagra con tornillos. Dos pequeñas bisagras de armario también funcionarán en lugar de la bisagra de piano que se muestra aquí.*

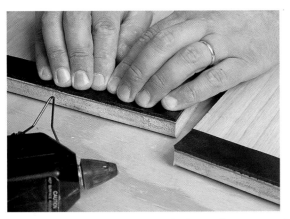

4-6. ◆ *Presión sobre la mandíbula de caucho una vez colocado sobre la parte interna superior de la pieza de contrachapado.*

4-8. ◆ *El torno listo para utilizarse. Las mandíbulas de caucho sujetan la hoja de sierra con firmeza. Note la abrazadera inferior, la cual mantiene el torno junto al banco de trabajo escandinavo. Si utiliza un torno de estilo inglés, no la necesitará.*

LIMADO DE UNA SIERRA DE BASTIDOR

Otra ventaja de la sierra de bastidor es que los dientes son relativamente grandes, por ello es fácil encontrar limas para afilarlos. Para una hoja de 5 puntos, una de tamaño «delgado» funciona bien (véase 4-1); para una hoja de 9 puntos, utilice una lima «extrafina». Normalmente se pueden encontrar en ferreterías o centros de bricolaje. (Para sierras de cola de milano y sierras «torneadas», necesitará limas de aguja (4-9). Yo utilizo un cilindro de madera como mango (4-10), redondeando el borde inferior un poco con un raspador. Puede también utilizar un trozo de rama de árbol.

Para limar la hoja de la sierra, sujétela en el torno de banco (puede dejarla en el marco de la sierra de bastidor). Coja un trozo de tiza y pásela por los dos bordes de la lima (4-11). La tiza hace que la lima funcione mejor durante más tiempo. Sitúe los bordes con tiza de la lima en la hendidura triangular y lime a 90° de la hoja de sierra (4-12).

4-9. ◆ *Lima de aguja (frotada con tiza) encima de la regla de madera. Estas diminutas limas se utilizan para afilar serruchos de dientes finos. Cuando se afilan este tipo de dientes hay que hacerlo con un toque suave.*

4-10. ◆ *Limas para afilar serruchos. Yo utilizo trozos de espigas como mango (los mangos de brochas de espuma viejas que ya no sirven funcionan bien). Redondee los extremos para que sean más cómodos. La que figura en la parte superior lleva un mango que hice de una rama de árbol.*

4-11. ◆ *Frotamiento con tiza de los dos bordes de la lima.*

4-12. ◆ *Con la hoja a una altura cómoda, una o dos pasadas por diente la dejarán bien afilada. La lima está perpendicular a los ejes horizontal y vertical de la hoja de la sierra.*

Se lima la parte delantera de un diente y la trasera de otro al mismo tiempo. Empiece en el extremo delantero y trabaje hacia atrás en dirección al mango. No hay que dar un golpe a la sierra como indican algunos libros —sólo lime desde delante hacia atrás (mango), como se muestra en **4-13.** Estamos limando aquí en paralelo al diente; por ello utilice la lima en ángulo recto. No hay que utilizar nunca una configuración de tronzado sobre un serrucho de mano. No es necesario.

4-13. ◆ *Afilado de una sierra de bastidor. Aplique suficiente presión para mantener la lima «mordiendo» en el acero. La lima está a 90° con respecto a la hoja, tanto la parte superior como la lateral. La mayoría de los principiantes aplican mucha presión.*

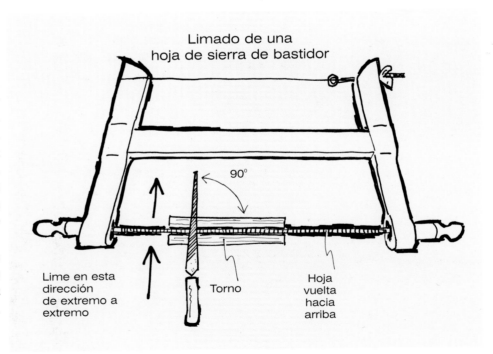

Limado de una hoja de sierra de bastidor

90°

Lime en esta dirección de extremo a extremo

Torno

Hoja vuelta hacia arriba

Utilice sólo la suficiente presión hacia abajo (no de lado a lado) para permitir que la lima muerda el acero. La mayoría de los principiantes aplican demasiada presión. Sujete la lima por el mango y la punta y esté relajado según trabaja. Una pasada por diente es suficiente si únicamente desea un ligero dentelleo en los dientes. Utilice los mismos bordes de la lima para la hoja entera. Si la lima se «escurre» y no muerde, la lima es vieja, la hoja no está bien sujeta, o usted no está aplicando la suficiente presión. No intente utilizar demasiada fuerza con una lima desgastada. Coja una nueva.

La continuidad es importante **(4-14)**. Si usted no es constante con sus pasadas y presión, los dientes quedarán desnivelados en altura y sólo los dientes altos cortarán. Una sierra de bastidor funcionará bien, incluso si usted no es completamente constante al principio, pero un serrucho de costilla o estándar se atascará y se frenará en la madera y será muy difícil de utilizar si los dientes no están igualados. Además, no se quede inmóvil. Relájese y podrá limar con precisión.

Cuando haya acabado de afilar los dientes de la sierra de bastidor, no apedree sus puntas, esta es una mala información que alguien se inventó. Déjelos como están. Si hay un rebaba, tres o cuatro pasadas por su primera tabla la quitará.

AFILADO DE FORMONES Y HIERROS DE CEPILLOS

Algunos métodos para afilar formones y hierros de cepillos dejarán un borde «mejor» (por ejemplo, de mayor duración) que otros, y algunos métodos conllevan más tiempo que otros, pero el objetivo es siempre el mismo —obtener un borde afilado como una navaja de afeitar. Para saber si el borde del formón o del cepillo está lo suficientemente afilado, con un muy ligero movimiento trate de afeitar el vello de su antebrazo. Si puede, lo está. Si no, tendrá que afilarse.

He utilizado casi todos los tipos de técnicas de afilado y equipamiento durante años, y hace algún tiempo me quedé con las piedras de agua japonesas. En no demasiado tiempo dejan un borde afilado como el de una navaja de afeitar, duradero y de calidad. Hay diferentes maneras de utilizarlas, sin embargo algunas pueden ser confusas. Por ello, describiré un método muy rápido y fácil para utilizar piedras de diamante y una tira de cuero **(4-15)**. Aunque no deja un filo tan duradero como las piedras de agua, con la técnica del diamante y la tira obtendrá un borde afilado como una navaja de afeitar de manera más rápida y con menos esfuerzo. Esto no quiere decir que sea una técnica inferior; es un método de afilado bueno que puede utilizar toda la vida si lo desea.

4-14. ◆ *Estos dientes se han limado (afilado) adecuadamente. Todos tienen la misma altura, así todos harán el mismo corte.*

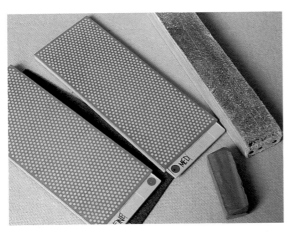

4-15. ◆ *«Piedras» de afilar de diamante, una tira de cuero y compuesto para pulir (o suavizar). Yo utilizo piedras de diamante de doble cara, que tienen un lado con arenisca gruesa y un lado extrafino. Si lo desea puede utilizar una con arenisca media.*

Esmerilar el bisel

Un formón o hierro de cepillo nuevos no necesitan esmerilarse. Puede proceder directamente a limar (utilizando piedras de diamante y un suavizador, como se muestra en las páginas 70 a 73). De otra manera, la hoja necesitará un buen bisel de 25° sobre un borde.

Mi amoladora **(4-16)** me costó nueva veinte dólares hace muchos años. Durante mucho tiempo la utilicé con las ruedas grises que venían con ella. Más tarde puse una rueda blanca fría de óxido de aluminio.

Los temas más importantes relacionados con la amoladora eléctrica son: un buen soporte de herramienta y un allanador de la rueda. El soporte de herramienta mantiene la herramienta en el ángulo de bisel deseado; el allanador de la rueda limpia la rueda de partículas de metal y mantiene la cara plana[10]. El soporte de herramienta sobre mi amoladora cuesta el doble que la herramienta en sí, y es absolutamente esencial. De nuevo, no se salte este paso.

4-16. ◆ *La amoladora de mi taller. El bloque de madera en la rueda izquierda es para esmerilar bordes rectos antes de esmerilar un bisel con el soporte de herramienta en la rueda derecha. Un buen soporte de herramienta es muy importante.*

Un banco para esmerilar como el que se muestra es una pieza de equipamiento simple, pero asegúrese de tomar las debidas precauciones de seguridad. El soporte de herramienta asegura que la hoja esté abrazada y segura mientras la rueda la esmerila. Nunca esmerile una hoja sin el soporte de herramienta. Mantenga sus dedos fuera del alcance de la rueda; podría abrasarle la piel rápidamente. Tenga mucha luz cuando esmerile una hoja y, lo más importante, lleve protección para los ojos. La mayoría de las amoladoras vienen con guardas, pero además yo utilizo gafas de protección. Las partículas de metal que saltan son muy peligrosas para los ojos. Asegúrese de que los protege.

---

[10] Según se van quedando en la rueda partículas de acero, cortará con más lentitud y calentará el acero más rápidamente. Aquí es cuando hay que «allanarla». Mis ruedas requieren una limpieza aproximadamente una vez cada cinco o seis herramientas afiladas.

El primer paso para esmerilar una hoja es trazar una línea recta transversal en la parte trasera de la misma, tan cerca del borde superior como se pueda **(4-17)**. Utilice un marcador permanente de punta fina. Con el soporte para la herramienta a 90° respecto a la rueda, esmerile con suavidad hasta la línea. Observe el borde cortado —se reflejará aproximadamente 1,5 mm de luz **(4-18)**. Vuelva a colocar el soporte en un ángulo de unos 25° con la rueda y coloque un tarro con agua cerca para enfriar la hoja. Puede utilizar el bisel existente del cincel para volver a colocar el soporte **(4-19)**.

Sujete el formón o hierro del cepillo como se muestra en **4-20**, con un dedo cerca de la parte superior de manera que pueda sentir el calor. Únicamente se esmerila el bisel no la parte trasera. Lo que usted quiere es un bisel de 25°, igualado y sin defectos. Sitúe la hoja sobre el soporte de herramienta y lentamente deslícelo hacia la rueda, utilizando la otra mano para moverla de lado a lado. Haga un movimiento con toques suaves y relajados. Cuando

4-17. ◆ *Trazado de una línea recta sobre la parte trasera de una hoja de cincel. Tendrá que esmerilar hasta esta línea.*

4-18. ◆ *El ligero destelleo del borde de la hoja del formón después de esmerilar revela que está muy embotada. El siguiente paso es esmerilar el bisel hasta que la línea tenga el grosor de un pelo humano —sin calentar el acero.*

4-19. ◆ *Sitúe el soporte de la herramienta utilizando el bisel existente sobre el cincel. El ángulo del bisel no tiene por que ser preciso. Debería ser de unos 25°; unos grados arriba o abajo también servirá.*

4-20. ◆ *Esmerilado del bisel. La superficie amplia y plana del soporte de herramienta le facilita el conseguir un bisel igualado. Cuando noto calor en mis dedos, sumerjo la hoja en agua. Observe las chispas.*

sienta un ligero aumento de temperatura, sumerja la hoja en el bote de agua. Repita la operación hasta que el reflejo del borde cortado tenga la anchura de una línea de lápiz afilado.

No esmerile la hoja más que esto —es demasiado fácil sobrecalentarla. Como la rueda es redonda, el bisel que acaba de esmerilar está curvado; es un bisel *cóncavo* **(4-21).**

Momento para la digresión. Cuando daba clases de afilado en San Luis, los alumnos siempre parecían traer a clase hojas de mala calidad, rancias y oxidadas. Les hice comprar unas nuevas. No se puede hacer un buen trabajo con herramientas decrépitas y viejas, y supongo que usted está lo suficiente interesado en un aprendizaje correcto que no lo intentará.

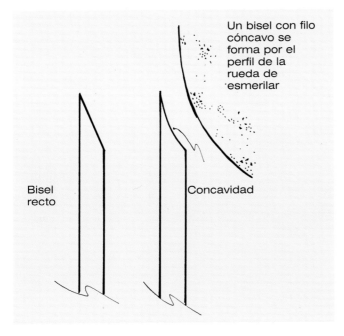

4-21. ◆ *La rueda de esmerilar forma una concavidad en el bisel; de ahí el término filo cóncavo.*

Limado

Limar es lo que hacemos para dejar una hoja con filo áspero como una navaja de afeitar. El esmerilado deja una rebaba en la parte trasera del bisel (**4-22**). La quitaremos, creando un «microbisel» sobre la base del bisel y «suavizándolo».

Las piedras de diamante son la manera más fácil de limar un borde de corte. Puede adquirir una piedra de grano medio, pero también es bueno tener una de grano fino. Lo mejor es tener las cuatro: gruesa, media, fina y extrafina. Un suavizador es una pieza de piel gruesa, pegada al «lado vivo» de un listón de madera dura, como se muestra en **4-15**. Necesitará algún compuesto suavizador diseñado para acero carbónico. Eso es.

Yo pongo una almohadilla bajo mis rodillas y me arrodillo en el suelo con una piedra de diamante delante de mi, apoyada sobre un soporte para que no se mueva. Pongo una botella de agua y una toalla cerca. Las piedras que utilizo vienen ya con el soporte, pero usted puede hacer uno de madera, o utilizar una almohadilla de goma, etc. Coloque el formón plano sobre la piedra y frótelo atrás y adelante para quitar la rebaba (**4-23**). Eche agua sobre las partículas de acero (limaduras) para quitarlas de la piedra (**4-24**).

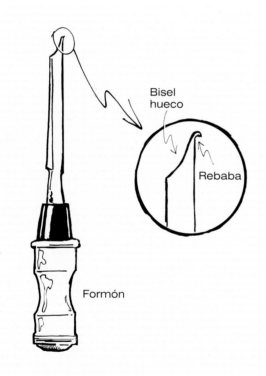

Bisel hueco

Rebaba

Formón

4-22. ◆ *La rebaba es un extremo vuelto hacia atrás sobre la base de la hoja, que se ha producido al esmerilar. Es más fácil sentirlo que verlo.*

4-23. ◆ *Limado de la base de un formón. Yo hago esto arrodillado en el suelo, mis rodillas descansan sobre una almohadilla.*

4-24. ◆ *Lavado de las limaduras de una piedra de diamante después de su utilización. Este es casi el único mantenimiento que requiere. Seque la piedra cuando lo haya hecho o la superficie se oxidará.*

Gire el formón y deje que los bordes superior e inferior del bisel descansen sobre la piedra (**4-25**). Ahora levante un poquito el formón para que únicamente el borde delantero toque la piedra.

Manteniendo este ángulo constante, frote la hoja de arriba abajo de la piedra para crear un microbisel[11] (**4-26**). Habrá acabado cuando ya no pueda ver la fina línea de luz brillando en el borde. Lave la piedra de nuevo y séquela (si no lo hace así, se oxidará).

[11] Si tiene cuatro piedras, utilice las cuatro, pero haga uso únicamente de las piedras finas y extrafinas para crear el microbisel.

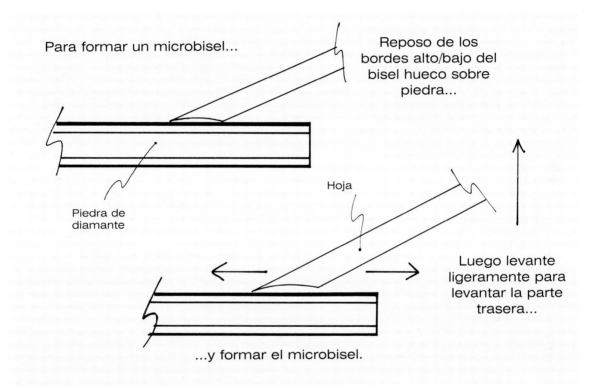

Para formar un microbisel...

Reposo de los bordes alto/bajo del bisel hueco sobre piedra...

Hoja

Piedra de diamante

Luego levante ligeramente para levantar la parte trasera...

...y formar el microbisel.

4-25. ◆ *Se puede hacer con rapidez un microbisel sobre el extremo del bisel hueco y funciona bien.*

4-26. ◆ *Limado del microbisel. Se sujeta con firmeza, pero relajado. Cuando la línea de luz ya no brilla en el extremo, se ha terminado este paso.*

El movimiento de suavizar es siempre desde *fuera* hacia usted, no al contrario **(4-27).** De esta manera no se escurrirá. Con el suavizador delante de usted, frote un poco del compuesto sobre él. Deje descansar el formón sobre el suavizador y tire de él hacia usted unas cinco o seis veces **(4-28).** El suavizador se oscurecerá según vaya haciendo esto. Observe la base del formón. Debería mostrar un poco de brillo cerca del borde. Aplique un poco más de compuesto y suavice el microbisel, tirando hacia usted como antes y manteniendo el ángulo constante **(4-29).** Tres o cuatro barridos producirán un brillo parecido a un espejo en el microbisel.

Compruebe el borde. Muy suavemente, intente rasurar un poco de pelo de su antebrazo **(4-30).** Tenga cuidado de no cortarse; todo lo que necesita es un ligero roce. Cuando el pelo se afeite, congratúlese: ha logrado un borde con el filo de una navaja de afeitar. Puede afilar herramientas.

Suavizando una hoja

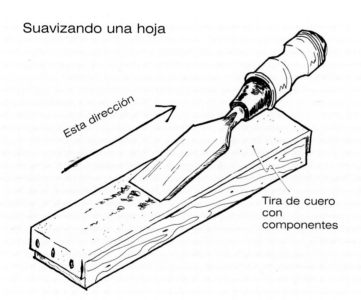

Esta dirección

Tira de cuero con componentes

4-27. ◆ *«Suavizando» el borde del bisel. Este movimiento es hacia usted, manteniendo un ángulo constante. Está puliendo un auténtico borde del bisel para conseguir el filo de una navaja de afeitar.*

4-28. ◆ *Suavizando la base de la hoja del formón. El movimiento es hacia dentro, hacia mí. El suavizador que se muestra aquí está sujeto al banco de trabajo.*

4-29. ◆ *Suavizando el microbisel. En la fotografía se puede apreciar una elevación muy ligera del borde para que el suavizador tenga contacto con el microbisel.*

4-30. ◆ *Cuando la hoja pueda afeitar el pelo de su antebrazo (utilice un movimiento suave para hacer esto), la herramienta tendrá el filo de una cuchilla de afeitar. Así es como todos los bordes de sus herramientas deberían estar.*

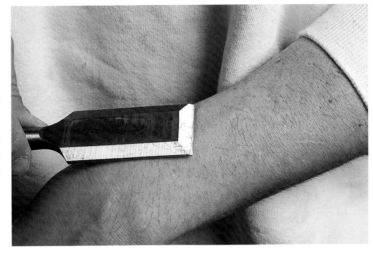

UTILIZACIÓN DE CEPILLOS DE MANO

«Cualquier trabajador debe primero alcanzar un nivel avanzado de aprendizaje antes de que pueda incluso conocer posibilidades más ricas en cualquier medio en que se involucre.»

Fred Picker[12], **1979**

En el curso que imparto sobre utilización de herramientas manuales, cuando han pasado cinco o seis semanas, llegamos a un punto en el que yo normalmente les digo a los alumnos algo más o menos como esto: «Me gustaría que hicierais una tabla escuadrada, lijada y plana. Quiero que el grosor sea de 10 mm, la anchura será de 130 mm, y la longitud de 575 mm. Allí tenéis madera en bruto apilada; utilizar la que más os guste. Aseguraos de que no es pino blanco o picea (madera para marcos). Tenéis 40 minutos. Empezar, por favor».

Tenía un invitado en clase, un carpintero. Él esperaba escuchar comentarios de espanto y quejas, pero en su lugar los alumnos cogieron sus cepillos preparados y en silencio se dirigieron hacia el montón de madera. «¿Pueden hacer eso?» preguntó. Él no se lo creía del todo. «Por supuesto que sí». Contesté.

Aquellos alumnos eran capaces de escuadrar, aplanar y alisar madera con cepillos de mano porque contaban con las herramientas adecuadas (5-1) y sabían cómo usarlas. Si presta atención a la información de este capítulo, usted también será capaz de utilizar cepillos de mano con tanto éxito como mis alumnos.

EL VALOR DE UTILIZAR CEPILLOS DE GRAN CALIDAD

Desbastar madera de tableros a mano es una operación que requiere precisión. Si el cepillo no está en buenas condiciones, no funcionará bien.

5-1. ◆ *Retirando marcas de cepillo de igualar con una garlopa. Las mayores dificultades con la utilización de un cepillo de mano aparecen por herramientas de fabricación pobre y/o utilización del cepillo erróneo para un trabajo dado.*

Las suelas de las mayoría de los cepillos estándar nuevos —incluso los de alisar no están del todo planas. Esto significa que usted no puede hacer un rebaje adecuado (fino). Además, las hojas se embotan con rapidez y el contrahierro que ajusta sobre la hoja no queda plano con ésta. Los rebajes no son iguales y frenan la herramienta sobre la pieza.¿Puede fijarlo? Sí. Pero tendrá que llevarlo a una tienda de maquinaria para que le aplanen y limen la suela y esmerilen el contrahierro, y Dios sabe que más. Los cepillos estándar modernos pueden denominarse cepillos de «poca calidad».

Ahórrese la dificultad. Compre los mejores cepillos que pueda —cepillos fabricados para trabajos serios.

---

[12] Fred Picker es fotógrafo y escritor residente en Putney, Vermont.

Compre buenos cepillos en la tienda, así podrá gastar su tiempo en trabajos de carpintería y en hacer muebles, no arreglando y ajustando herramientas. No puede hacer un trabajo serio con este tipo de herramientas.

Lie-Nielsen Toolworks en Estados Unidos y Emmerich en Alemania (U.E.) fabrican cepillos de buena calidad. Lie-Nielsen hace cepillos de metal y Emmerich de madera. Los cepillos funcionan maravillosamente, desde el primer momento.

PUESTA A PUNTO Y AJUSTE DE CEPILLOS DE MANO ESTÁNDAR

Para los cepillos de mano estándar como el cepillo de desbastar que se muestra en esta sección (5-2 y 5-3), se necesita una puesta a punto y un ajuste antes de que el cepillo funcione totalmente bien. Lo primero de todo es que la hoja tiene que estar afilada.

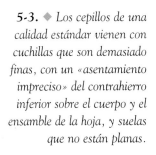

5-2. ◆ *Cepillo de desbastar estándar. Estas herramientas no son caras, pero su calidad puede limitar el funcionamiento. La carcasa de hierro pulida y la cuchilla afilada son los elementos mínimos con que tienen que contar para hacer un trabajo óptimo.*

5-3. ◆ *Los cepillos de una calidad estándar vienen con cuchillas que son demasiado finas, con un «asentamiento impreciso» del contrahierro inferior sobre el cuerpo y el ensamble de la hoja, y suelas que no están planas.*

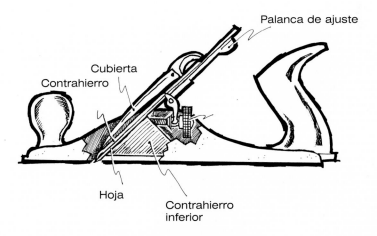

Palanca de ajuste

Cubierta

Contrahierro

Hoja

Contrahierro inferior

Garlopa «estándar»
Vista simplificada

Esto es bastante simple de realizar. Diríjase al capítulo anterior donde se explica cómo conseguir esto.

En segundo lugar, el contrahierro —la pieza que se atornilla a la hoja del cepillo para mantenerla rígida— tiene que quedar perfectamente ajustado a la hoja **(5-4).** Si el contrahierro no está ceñido en el punto donde se junta con la hoja, el rebaje se frenará y el cepillo se atascará. Para conseguir un ajuste bueno, utilice una piedra de diamante áspera (como se describe en el capítulo anterior) para lograr una ligera holgura detrás de la superficie que queda junto a la hoja (también puede sujetarla en un torno de banco de mecánico y limarla). Asegúrese de que se ha afilado la hoja antes de hacer esto. Lo que es un perfecto ajuste en una hoja sin afilar puede ser un hueco después de afilarla.

Cuando haya hecho esto de manera correcta, puede observar la unión contrahierro/hoja al trasluz y no se verá ninguna claridad. Si puede hacer esto en una hora, quiere decir que usted es muy bueno. Conseguir este buen ajuste de hoja y contrahierro ayudará considerablemente al cepillo en su

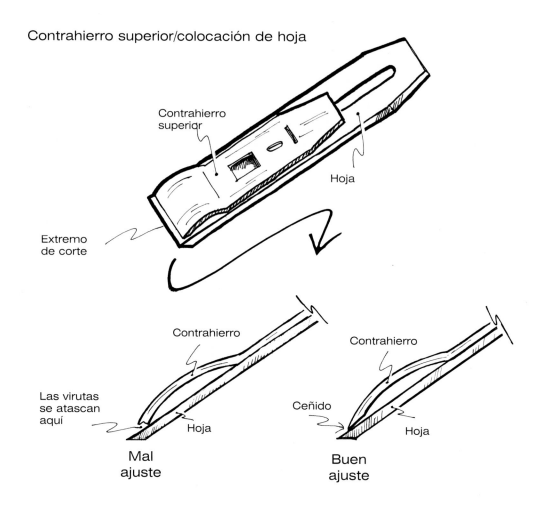

Contrahierro superior/colocación de hoja

Contrahierro superior

Hoja

Extremo de corte

Contrahierro

Las virutas se atascan aquí

Hoja

Mal ajuste

Contrahierro

Ceñido

Hoja

Buen ajuste

5-4. ◆ *El contrahierro superior en cepillos de calidad estándar tiene que estar «lapidado» para obtener un ajuste afín con la hoja. El contrahierro superior realmente no tiene otra función que mantener la hoja rígida.*

funcionamiento. Esto es casi lo único que puede hacer con un cepillo como este.

«Asentar» es también un gran factor en el funcionamiento de un cepillo. En cualquier cepillo, cuanto más prieto está el hierro (ensamble hoja/cuña) sobre el contrahierro inferior (pequeña rampa), y cuanto más tenso está el contrahierro inferior sobre el cuerpo del cepillo, mejor funcionará la herramienta **(5-5)**. Si no están tensadas, las diferentes

5-5. ◆ *El dedo señala el «contrahierro inferior». Como esta pieza sujeta la hoja, se requiere maquinaria precisa para «asentarlo» al cuerpo del cepillo (y al ensamble de la hoja); si no, el cepillo «castañeteará», o vibrará sobre la pieza de trabajo.*

partes vibrarán unas con otras y el cepillo «castañeteará» incluso con una veta ligeramente difícil. En cepillos de gran calidad el asentamiento es bueno. En cepillos normales o malos no es bueno.

¿Puede arreglar un asentamiento malo? Sí. Tiene que cubrir una de las superficies de acople con «añil de mecánico» (tinta azul espesa), juntarlas, separarlas, y luego esmerilar o limar los salientes. Esto se repite una y otra vez hasta que no sobresalga nada. ¿Parece arduo y que conlleva tiempo? Sí. Le pondrá enfermo con sólo intentarlo.

La suela del cepillo debería estar plana también o no podrá hacer rebajes finos con ella. Los cuerpos de cepillos de madera se

pueden aplanar con un ensamblador motorizado. Para hacer esto, saque el hierro de la boca 6 mm, pero manténgalo tenso en el cepillo; usted quiere conseguir la misma tensión en el cuerpo del cepillo de madera que cuando lo está utilizando. Utilice el ensamblador para sacar las virutas de la suela a 0,4 mm de una vez hasta que está plana. Por supuesto, el ensamblador tiene que estar ajustado apropiadamente también.

Escuchará consejos que le sugieren que puede aplanar suelas de metal usted mismo, pero nunca vendrán de alguien que lo haya intentado alguna vez. Yo lo llevaría a un taller especializado que tuviera una esmeriladora «Blanchard» y dejaría que ellos lo hicieran. A menos que su tío favorito tenga un taller con maquinaria, esto le costará más que lo que vale el cepillo.

Por todo ello, debería ser obvio por qué los cepillos denominados «caros» y de «precio alto» son realmente muy buenas gangas. Si tiene un cepillo estándar, afile la hoja, ajuste el contrahierro con la hoja y utilice el cepillo así. Acepte el hecho de que su funcionamiento será limitado: vibrará sobre una veta difícil, y los rebajes solamente serán así de finos. Tratar de mejorarlo simplemente no merece la pena.

GARLOPA DE ÁNGULO BAJO

Para saber cómo funcionará un cepillo, debería acostumbrarse a cepillos de buena calidad[13]. Luego tendrá una base para comparar otros. La garlopa de ángulo bajo de Lie-Nielsen es una herramienta versátil que es simple

---

[13] Para los procedimientos descritos en este capítulo, necesitará un cepillo de igualar para desbastar y una garlopa (35,5 cm de largo) para alisar y corregir. Normalmente también se requiere un cepillo de moldurar de 60 cm cuando se aplana madera en bruto a mano, pero estamos utilizando solamente tablas de un metro.

en el diseño y capaz de realizar un trabajo bueno **(5-6).** Si se familiariza totalmente con este cepillo, utilizándolo exclusivamente durante un año, sabrá cómo funcionaría un cepillo y el tipo de trabajo que puede hacer.

Esta garlopa tiene una longitud de 35,6 cm y es capaz de aplanar y unir tablas de hasta un metro de largo. La suela es plana, por ello se pueden hacer unos rebajes muy finos con ella (y evitar tener que gastar tiempo y dinero aplanándolo). Tiene una garganta ajustable, así en menos de un minuto puede disponerla a más anchura y colocar la hoja para hacer un corte más profundo en un trabajo tosco, y luego volver a poner la garganta como al principio echando atrás la hoja para un rebaje ultrafino. La hoja, caritativamente, no tiene contrahierro superior (así no tiene que limar, lapidar, volver a ajustar, doblar, etc. el contrahierro). Su mayor ventaja es que la hoja se coloca en ángulo de 12° **(5-7),** permitiendo alisar granos difíciles y maderas espinosas que no puede hacer otro cepillo.

El cepillo viene listo para trabajar: todo lo que se necesita para empezar a utilizarlo es afilar un poco sobre el extremo de corte. Hace lo que deberían hacer los cepillos —rebajar madera con facilidad, eficacia y de manera agra-

5-6. ◆ *Garlopa de ángulo bajo desbastando una tabla de cerezo. Utilizar este cepillo durante un cierto tiempo le enseñará como se debería comportar un cepillo metálico.*

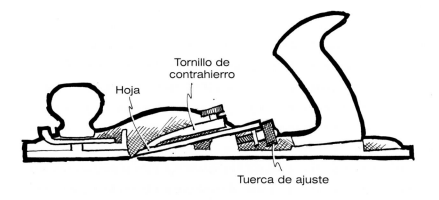

Hoja

Tornillo de contrahierro

Tuerca de ajuste

**Esquema
Garlopa de ángulo bajo**

5-7. ◆ *Esta garlopa de ángulo bajo consta de pocas piezas y es una herramienta precisa. Puede cepillar maderas difíciles con facilidad y se ajusta en segundos para hacer rebajes gruesos o muy finos. La hoja es maciza, por ello no necesita contrahierro.*

dable. Puede aprender más sobre su utilización durante un año que yendo a una escuela de carpintería o leyendo 10.000 artículos de revistas. Para saber cómo cepillar la madera, cepille madera. No haga caso de consejos cuestionables ni se interese superficialmente en herramientas malas (imagínese a Tage Frid o a Frank Klaus con un cepillo de mano de 39 euros.)

CEPILLO DE IGUALAR

El cepillo de igualar (5-8) alisa la madera. Para obtener la tabla plana —no sólo rebajada o alisada, sino plana— necesita un cepillo de igualar. En infinidad de ocasiones he visto alumnos

luchando para rebajar madera únicamente con una garlopa, o tratando de convertir un cepillo de alisar viejo en un cepillo de igualar. Pierden el tiempo tratando de aplanar una tabla con la herramienta, y no da resultado. La superficie no se aplanará y la bonita veta quedará como un tablón recién aplanado, pero la tabla permanecerá enconadamente sin aplanar. Entonces lo intentan con un cepillo de igualar, y lo consiguen en aproximadamente tres minutos.

Un cepillo de igualar tiene un diseño muy simple, como se muestra en 5-9. Consiste en un cuerpo, una hoja y un calce o contrahierro para sujetar la hoja. La hoja del cepillo de igualar es notablemente redondeada (5-10). Actúa

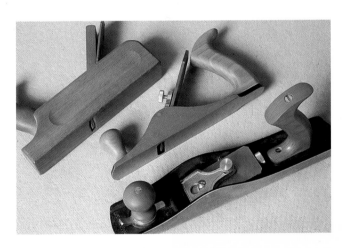

5-8. ◆ *Arriba y en el centro: cepillos de igualar. Abajo: garlopa de ángulo bajo.*

5-9. ◆ *Cepillo de igualar metálico. Este cepillo es bastante simple y sólo realiza una función: saca trozos de madera grandes para aplanar las tablas. Por favor no coja su viejo cepillo de alisar e intente hacer de él un cepillo de igualar. ¿Recuerda al coche que también puede andar por el agua? —¡no tiene mucho de coche y es un malísimo barco!*

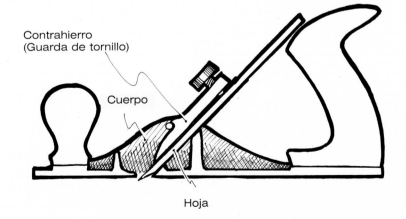

Contrahierro
(Guarda de tornillo)

Cuerpo

Hoja

Cepillo de igualar

más como un medidor —achica. El cepillo de igualar de Lie-Nielsen funcionará mejor si la hoja tiene una curvatura más pequeña, similar al radio de una hoja de cepillo de unos 6 cm[14] **(5-11)**. (¿Debería también esmerilar una curvatura en garlopas y cepillos de alisar como se dice en algunos libros y artículos de revistas? No. No existe ninguna ventaja en ello.)

5-11. ◆ *La cuchilla de un cepillo de igualar Lie-Nielsen como sale de fábrica (arriba) y lijada a un radio de 5,7 cm (abajo). La cuchilla con un radio más redondeado y estrecho cortará con más facilidad y rapidez.*

5-10. ◆ *Suela de un cepillo de igualar. La hoja de un cepillo de igualar es redondeada para quitar madera con rapidez.*

APLANADO DE UNA TABLA

Coja una pieza de madera dura en bruto —roble, cerezo, álamo, etc.— de unos 15 cm de ancho y 2,5 cm de grosor. (Cómprela en una serrería o almacén de madera, no en una tienda de bricolaje). Corte una sección de un metro y, colocándolo sobre el banco de trabajo, intente sacudirla desde esquinas opuestas. Verá que se cimbreará en ambas direcciones porque no está plana.

Sujétela al banco. Ajuste la hoja del cepillo de igualar de tal manera que sobresalga por la parte inferior menos de 3 mm. Cepille la tabla en diagonal, primero en una dirección y luego en la otra (por ejemplo, primero de izquierda a derecha y después de derecha a izquierda, como se indica en **(5-12)**. Notará la facilidad y lo bien que se trabaja con un cepillo de igualar **(5-13)**, a pesar del hecho de que está quitando láminas grandes de madera.

Mueva la tabla empujando hacia abajo desde esquinas opuestas, tratando de balancearla de nuevo **(5-14)**. Verá que ya no está tan desigualada, o la cantidad es considerablemente inferior. Si todavía se mueve, lleve sus dedos en diagonal desde las esquinas hacia el centro hasta que la tabla ya no se mueva. En el espacio entre los dedos existe una prominencia **(5-15)**. Tome nota mental de dónde está. Luego vuelva la tabla y cepíllela. Después de dos o tres veces haciendo esto, la tabla quedará plana —no alisada todavía, pero sí plana. La planitud aparece cuando la tabla no se mece en el banco de trabajo.

---

[14] Cuando lima la hoja de un cepillo de igualar, la hace rodar sobre la piedra para que se afile todo el microbisel. Al suavizarla, también hace rodar el borde al tirar hacia usted. La base se lima de la misma manera que la hoja de un cepillo normal, aspecto que aparece en el Capítulo Cuatro. (Para esmerilar una curva nueva, márquela, esmerile por la línea a 90° con la rueda y luego esmerile el bisel de 25° como antes. Tiene que rotar continuamente la hoja según hace esto. Sumérjala en agua a menudo.)

5-12. ◆ *Igualando con el cepillo. Vaya en diagonal en una dirección y luego en la otra.*

5-13. ◆ *La hoja redondeada del cepillo de igualar deja surcos en la tabla. Éstos se quitarán con una garlopa.*

5-14. ◆ *Balanceando la tabla para comprobar su planitud. A menos que la tabla sea muy larga, haciendo esto sobre un banco de trabajo plano se verá si está plana o no.*

5-15. ◆ *Si la tabla se balancea aún después de haberle pasado el cepillo de igualar, mueva los dedos hasta que se pare. Entre medias de ellos hay una elevación.*

Nota: «Plano» es un término relativo. La tabla debería estar razonablemente plana. Razonablemente plana significa que está lo suficientemente plana como para formar parte de una tapa de mesa o un frente de cajón, etc. «Perfectamente» plano es un término que carece de sentido y que se encontrará en algunos libros de carpintería o escuchará en programas de televisión, como si la madera tuviera que comportarse como hierro fundido o granito tratados con maquinaria. La madera tiene esa apariencia tan maravillosa porque es orgánica, parece viva (déjela toda la noche en una habitación húmeda y se *moverá*). No puede hacerla perfectamente plana. No convierta las cosas en difíciles (¡imposible!).

REBAJADO

Con la garlopa colocada para un rebaje «más grueso» (no del grosor de un pañuelo de papel)[15], cepille la tabla en diagonal, como

---

[15] Si utiliza un cepillo diferente a un Lie-Nielsen, este será el único rebajado que pueda hacer.

5-16. ◆ *Con la garlopa ajustada para un rebaje ligeramente grueso, se repite el movimiento de cepillado en diagonal para quitar los surcos del cepillo de igualar (¡pero sin desaplanar la tabla!).*

antes **(5-16)**. Lo importante de este paso es no dejar la tabla *desnivelada*, lo cual ocurre con facilidad. Tenga especial cuidado en las esquinas. Cuando empiece con la pasada, apriete por la parte delantera del cepillo; al acabar la pasada, presione por la parte trasera del cepillo **(5-17)**. Utilice menos presión en las esquinas de la tabla si es necesario. Si las rodea, desaplanará la tabla.

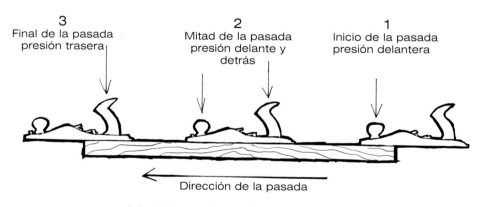

3
Final de la pasada
presión trasera

2
Mitad de la pasada
presión delante y
detrás

1
Inicio de la pasada
presión delantera

← Dirección de la pasada

Movimiento/presión del cepillado

5-17. ◆ *Movimiento del cepillado. Para evitar redondear los bordes, presione en la parte delantera cuando inicie el movimiento, en la mitad aplique la misma presión delante y detrás, y presione detrás al acabar la pasada.*

Continúe estos pasos hasta que la mayoría de las marcas del cepillo de igualar desaparezcan.

Luego, ajuste el cepillo para un rebaje fino y cepille la tabla en la dirección de la veta **(5-18)**. Haga esto hasta que la tabla tenga una superficie clara y suave —fácil de hacer si tiene el cepillo adecuado. De nuevo, observe las esquinas y los extremos. Cuando haya acabado, vuelva la tabla y compruebe de nuevo si está plana. Si es así, ese lado ya está hecho **(5-19).**

Rebajar el otro lado

Después, tenemos la superficie del otro lado. Coja un gramil japonés y colóquelo para marcar una línea a 20 mm (con el diseño de clavija dual, desvíe las clavijas; con el otro tipo, utilice sólo una hoja). Colocando el tope del gramil sobre el lado que acaba de terminar, marque el borde en toda la longitud de la tabla **(5-20).**

Notará cómo todavía quedan zonas desiguales por encima de la línea.

Con la tabla sujeta de nuevo al banco y la segunda (tosca) cara mirando hacia arriba,

5-18. ◆ *Finalmente, con la garlopa de ángulo bajo, ajustada para un rebaje fino, se cepilla la tabla en la dirección de la veta.*

5-19. ◆ *Cuando acabe, la tabla descansa totalmente sobre el banco. Está plana.*

5-20. ◆ *Colocación del gramil sobre la cara de la tabla ahora plana; se marca el canto para el grosor final.*

5-21. ◆ *Al aplanar la segunda «cara» de la tabla, pase el cepillo de igualar dentro de la línea de 1,5 mm hecha por el gramil. Quite los resaltes con la garlopa (ajustada para rebaje grueso) y luego vuélvala a pasar (rebaje fino) y obtendrá el grosor de la línea.*

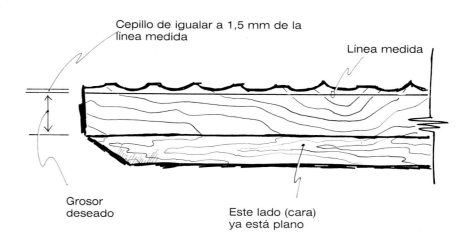

Cepillo de igualar a 1,5 mm de la línea medida

Línea medida

Grosor deseado

Este lado (cara) ya está plano

utilice el cepillo de igualar y cepille la tabla a menos de 1,5 mm desde la línea de medida **(5-21).** No tiene que probarlo balanceándolo, porque estará paralela al primer lado. Acabe como antes con la garlopa. Esto le llevará por debajo de la línea de medida. Ahora, las dos caras de la tablas están planas, rebajadas y paralelas entre sí.

UNIÓN DE BORDES

Para unir los bordes de dos tablas[16], sujételas en el torno de banco con los bordes que se van a unir hacia arriba. Con el cepillo de aplanar ajustado para un rebaje un poco mayor que el más fino que puede hacer, cepille ambas tablas a la vez **(5-22).** Mantenga el cepillo a 90° respecto a la cara de las tablas. Si se pasa un poco, los ángulos se compensarán ya que está cepillando las dos tablas a la vez. Utilice la misma precaución que tuvo en las esquinas al hacer los extremos —es fácil redondearlos.

Cuando ambos bordes queden cepillados lisos (y planos), ponga el cepillo oblícuo como se muestra en **(5-22)** y haga unas pasadas muy finas por los dos tercios centrales de la tabla.

Cuando las suelte de la prensa y las ponga juntas, debería quedar un espacio *muy pequeño* en el centro de las tablas —aproximadamente de medio milímetro o menos **(5-23).** Los extremos estarán ceñidos **(5-24).**

5-22. ◆ *Para unir dos tablas, sujételas y cepíllelas al mismo tiempo.*

---

[16] Siempre que sean de 90 cm o más cortas. Una tabla mayor requerirá un cepillo de moldurar.

Cuando pegue y sujete las tablas juntas (unión de bordes), la presión hará que las tablas ajusten; cuando el pegamento se seque, quedarán ajustadas. Dejamos el ligero hueco porque los extremos de la tabla se secarán más rápido que los centros —algunas veces se separan. El hueco en el medio asegura que las tablas quedarán ajustadas. Esto se denomina «arrancar los bordes» (¡casi imposible de realizar con precisión con una máquina!).

En este punto, ha conseguido un método superior para preparar la madera en bruto con cepillos de mano. Con las herramientas adecuadas, realmente no lleva mucho tiempo o esfuerzo hacerlo. Por supuesto, las máquinas todavía tienen su sitio. No podría preparar todas las tablas para 24 mesas de restaurante a mano. Pero usted ahora conoce cuando una tabla está realmente plana, y es importante tener la destreza para aplanarla a mano. Y algunas veces necesitará saberlo —hay algunas tablas que una máquina no puede aplanar o unir.

1/2 a 1 mm

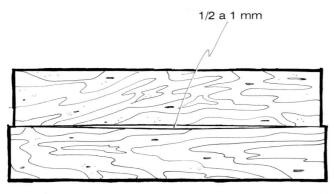

Junta «arrancada»

5-23. ◆ *Junta «arrancada». Los extremos de las tablas siempre se secan con más rapidez que la parte central en un clima normal. Una junta arrancada asegura que los extremos no se separarán.*

5-24. ◆ *Observando el «arranque» —un ligero hueco en el medio de la junta de dos tablas.*

Seis

REALIZACIÓN DE ENSAMBLES A CAJA Y ESPIGA

«No se puede conseguir un trabajo bien hecho a menos que el trabajo sea divertido; hacer una cosa debería conllevar placer, no pena. El trabajo nunca se debe hacer precipitadamente para acabarlo cuanto antes, sino realizarlo con esmero y paciencia.»

Hideo Sato, *La ebanistería japonesa completa*

Se dice que la de caja y espiga es la unión más antigua utilizada en carpintería. Realmente es la más útil, combinando una gran resistencia mecánica con amplias superficies pegadas. Aunque en principio es una unión de marco (utilizada en ventanas, sillas, mesas, etc.), realmente es la base de todos los ensambles de carpintería, incluyendo las uniones de carcasa (cola de milano, ranura y lengüeta, etc.) Incluso la moderna unión de galleta, de mucha efectividad, es una variedad de la unión a caja y espiga. Por ello, es significativo que la primera unión que se aprenda y se domine sea el ensamble a caja y espiga.

Para realizar cualquier tipo de ensamble lo que se requiere es realizar un marcado y un corte precisos y hacer un buen ajuste. El ajuste se puede determinar cuando se tiene una cierta experiencia —si queda demasiado suelto, no sujetará; si está demasiado apretado, la pieza de caja se partirá. Una buena idea es hacer su primer ensamble a caja y espiga con madera de abeto, caoba o álamo porque son un poquito más indulgentes que las maderas más duras.

Algunas personas han expresado su incredulidad con respecto a la habilidad de los carpinteros para hacer otros ensambles una vez se domina la caja y espiga. Esto no es de sorprender, dado que la mayoría de las instrucciones para realizar ensambles que aparecen en los libros y en cualquier otra publicación son demasiado complicadas. Todos los ensambles de carpintería son variaciones sobre una idea básica: máxima superficie a pegar y resistencia mecánica. Y la realización de ensambles en sí misma es una cuestión del manejo adecuado de las herramientas y conocimiento de cómo se ajustarán las diferentes partes —no una redundancia sin fin de miles de detalles individuales. Aprenda, realmente aprenda, para hacer un ensamble a caja y espiga bien y usted será capaz de realizar cualquier otro tipo de unión con la mayor facilidad.

Haremos dos ensambles: de *horquilla* (o *deslizante*) que es un ensamble a caja y espiga abierto, y de caja *ciega*, donde la caja es un agujero cuadrangular y la unión queda escondida (**6-1**).

ENSAMBLE DE HORQUILLA

La unión de horquilla es uno de mis ensambles de carpintería favoritos. Realmente tiene más superficie pegada que una junta de caja y espiga escondida (alojada), y ofrece el maravilloso aspecto de la artesanía manual.

Utilice piezas de una anchura de 50 mm que tengan un grosor de 20 mm. Primero marque la tabla sobre la cara. Si va a realizar un cuadro, frontal o marco de puerta, etc., marque con pirámides[17] (ver **6-24**). Marque toda la zona alrededor de los extremos de cada pieza (las caras y los dos bordes) con una cuchilla. Marque dos pulgadas desde los extremos porque esa es la anchura de cada pieza (**6-2**); las piezas ajustan una en la otra. Sobre una de las piezas (la que será la pieza de espiga), haga un corte en «V» en cada una de las caras.

Después, haga el marcado para la caja y espiga. Marque el centro de cada extremo y

---

[17] Las pirámides le aseguran la disposición de las piezas que se utilizarán para la parte delantera, la trasera, etc.

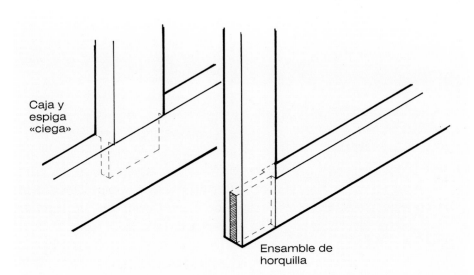

Caja y
espiga
«ciega»

Ensamble de
horquilla

6-1. ◆ *Izquierda:
Unión a caja y espiga
«ciega» (escondida).
Derecha: Unión de
horquilla, que es una
unión a caja y espiga
«abierta». La caja es
el agujero; la espiga
es la parte que va
dentro de él.*

6-2. ◆ Marcado de los extremos de las
piezas para una unión de horquilla. Estas
marcas definen la unión e igualan la
anchura de la pieza a unir.

6-3. ◆ Marcado del centro del canto, y
luego 3 mm a cada lado. El gramil se coloca
en estas marcas exteriores.

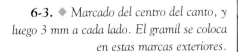

mida 3 mm en cada dirección **(6-3)**. Coloque las hojas del gramil en las dos marcas a cada lado del centro.

Ahora, utilice el gramil para dibujar una línea siguiendo la marca original de la cuchilla, sobre uno de los cantos y luego sobre el otro lado. Repita esta operación en la otra pieza. Asegúrese de que está marcando la misma cara (el lado con las marcas de pirámide sobre él).

6-4. ◆ *Marcado de las piezas de caja y espiga. El gramil japonés facilita la realización de líneas claras y precisas.*

Lo que tiene ahora son dos piezas idénticamente marcadas. El punto central de una pieza será la espiga; el punto central de la otra pieza tendrá que cortarse y hará de caja. Marque con una «X» los trozos a desechar **(6-5)**. Para dejarlas de manera que ajusten bien, se tienen que cortar con precisión. La clave para realizar esto es cortar sobre el lado de la línea que se va a desechar para el corte de espiga (es decir, cortar por la parte *exterior* de la línea) y cortar por la parte interior de la línea para la pieza de caja.

En cualquier unión a caja y espiga, la caja (agujero) siempre se hace primero. Luego se corta la espiga para que ajuste a la caja, y se puede ir arreglando con facilidad si ha quedado más grande de lo necesario, cosa que normalmente ocurre. Los carpinteros que aparecen en televisión y aquellos que escriben libros o artículos en revistas que muestran una espiga que ajusta perfectamente después de tres pasos están mostrándole pura fantasía. A mano o a máquina, las espigas casi siempre necesitan ser retocadas para que ajusten bien.

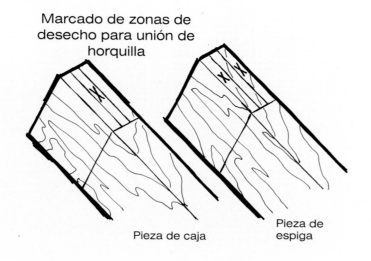

Marcado de zonas de desecho para unión de horquilla

Pieza de caja

Pieza de espiga

6-5. ◆ *Marcado de zonas de desecho de la unión de horquilla. La «X» indica las zonas que se tienen que cortar. No se salte este paso o por el contrario acabará con dos piezas de caja o dos piezas de espiga. Concéntrese en el momento de cortar y hacerlo con precisión o se le olvidará qué es lo que tiene que cortar.*

Primero la caja. Sujete la pieza en el tornillo de banco diagonalmente, mirando hacia el lado contrario al que se encuentra usted. Con una sierra de bastidor de 9 puntos, sitúe la hoja en el interior de una de las líneas de corte, utilizando el nudillo de su dedo pulgar como guía. Pase la sierra hacia atrás para empezar a marcar el corte. Este es un paso importante. Si el corte no empieza correctamente, no será correcto. Sierre desde la esquina abajo hasta que alcance la línea marcada **(6-6)**. Repita con la otra línea. Manténgase sobre la parte *interior* de la línea (para la pieza de caja).

Suelte la tabla y gírela en el tornillo, esta vez mirando hacia arriba. Sitúe la sierra en el corte previamente realizado y de nuevo sierre hacia la línea marcada. Con la sierra suelta en su mano, esto es fácil de hacer. La hoja de sierra seguirá el corte previo **(6-7)**. Si empieza a desviarse un poco de la línea, la sierra de bastidor le permitirá volver a su camino previo. Asegúrese de no serrar sobrepasando la línea; compruebe el otro lado también según va llegando al final.

Cuando haya terminado de cortar, el centro que sobra se quita con un formón. Sujete la pieza sobre el banco y utilice un cincel de 6 mm y maza o martillo para sacar la madera sobrante en dirección hacia abajo **(6-8)**. Quite unos 10 mm[18]; luego tire del formón hacia fuera. Retire el material sobrante hacia el lado del corte vertical en forma de «V», como se muestra en **6-9**.

La parte de espiga de la horquilla se corta de la misma manera que la caja, excepto que los cortes se realizan por el *exterior* de la línea y existen cortes con «rebaje». Los rebajes se

---

[18] También está rebajando hacia dentro unos pocos grados, recortando un poco para asegurar un buen ajuste después (aquí está cortando transversal a la veta, que de ninguna manera es una superficie para pegar).

6-6. ◆ *Serrado por la línea con una sierra de bastidor de 9 puntos (alemana). Si se sujeta la pieza en ángulo le ayuda a empezar el corte.*

6-7. ◆ *Acabado del corte con la pieza recta en el torno. Con la sujeción adecuada de la sierra (suelta), la hoja seguirá la ranura con facilidad.*

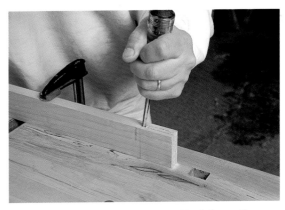

6-8. ◆ *Corte de la caja del ensamble de horquilla. Aquí, acabo de empezar y puede ver el formón ligeramente inclinado para recortar transversal a la veta.*

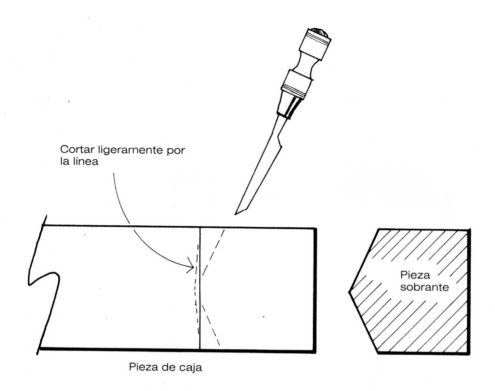

Cortar ligeramente por la línea

Pieza sobrante

Pieza de caja

6-9. ◆ *Caja del ensamble de horquilla. El corte rebajado asegura que la pieza de espiga se ajuste bien.*

6-10. ◆ *Corte de los rebajes de la espiga. Como el material que estoy quitando es de aproximadamente 6 mm de grosor, una sierra pequeña va bien.*

hacen en transversal con los cortes en «V» de la línea de la cuchilla para las caras (puede hacer los rebajes antes que las caras si quiere).

Yo coloco la pieza junto al tope del banco y la corto con una sierra de cola de milano **(6-10).** También se puede utilizar una sierra de bastidor con un gancho de banco para hacer esto. Con la pieza sobrante retirada, limpie las esquinas con un formón si fuera necesario. Con eso se completa la espiga.

Compruebe si la caja y la espiga ajustan. Si quedan demasiado apretadas, puede rebajar un poco los lados de la espiga con un cepillo de acanalar o de moldurar de 2,5 mm **(6-11 a 6-13).** (También valdrá un raspado.) Un cepillo de acanalar es un cepillo enjuto que puede trabajar sobre un borde. Vaya afinando la cara un poco, comprobando el ajuste de caja y espiga según lo va haciendo.

6-11. ◆ *Utilización de un cepillo de acanalar para rebajar las caras de la espiga (partes anchas) para que ajuste bien.*

6-12. ◆ *Ajuste de las piezas. Deberá haber una ligera resistencia al introducir una pieza en la otra; las piezas no deben encajar demasiado sueltas ni demasiado prietas.*

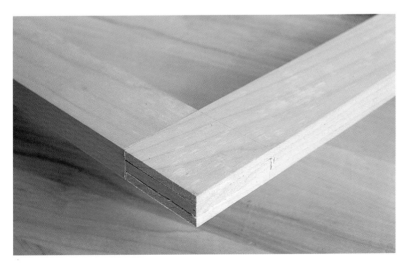

6-13. ◆ *El ensamble de horquilla acabado.*

Si queda demasiado suelto, puede pegar piezas de chapa a los lados de la espiga, y luego ajustarlas como antes. Si los rebajes no ajustan bien en la pieza de caja, el cepillo de moldurar también los puede rebajar.

ENSAMBLE A CAJA Y ESPIGA «CIEGAS»

Para este ensamble a caja y espiga, que queda escondido, la espiga se corta igual que para la unión de herradura, con dos rebajes. Algunas personas creen que la espiga debería tener cuatro rebajes con el fin de que la unión quede escondida (**6-14**[19]). Esto no sólo es difícil de cortar (todos los rebajes tienen que quedar en el mismo plano), sino que además no posee la misma cantidad de superficie a pegar como en la espiga de dos rebajes.

---

[19] La ilustración **6–14** muestra un ensamble a caja y espiga en medio de un trozo de madera. Para el mismo ensamble en el extremo de un tablero, se empleará una espiga de 3 rebajes, etc.

Para esta unión, utilice madera de 7,6 cm de ancho χ 2,5 cm de grosor. Marque las caras. La caja será un poco más de 0,6 cm de ancho. Necesitará un taladro de brazo y una broca de 0,6 cm (**6-15 y 6-16**). La mayor parte del agujero se hace con la broca; los lados y extremos se escuadran con un formón. Utilizar broca y berbiquí le enseña a alinear y taladrar un agujero recto y en escuadra. La broca, al ser larga, es fácil de alinear; el movimiento del berbiquí es lento y es fácil mantenerlo estabilizado. Si, como la mayoría de la gente, directamente coge una taladradora eléctrica, hará agujeros torcidos.

De nuevo, haga la caja primero. En este caso, marque la anchura de la pieza de espiga, la cual es de 7,6 cm. Luego, marque el centro de la caja con una línea de extremo a extremo. El resultado será en figura de «I» (**6-17**).

Sitúe el tornillo central de la broca sobre esta marca. Taladre (en realidad «horade») 4 mm en ambas partes (un trozo de cinta

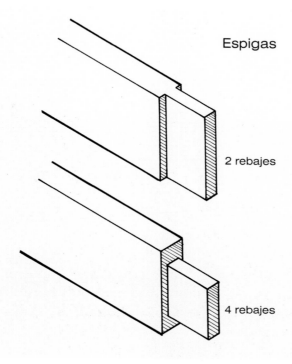

Espigas

2 rebajes

4 rebajes

6-14. ◆ *La unión de caja y espiga con dos rebajes no sólo cuenta con más superficie para pegar que la de cuatro rebajes, sino que también es más fácil de cortar.*

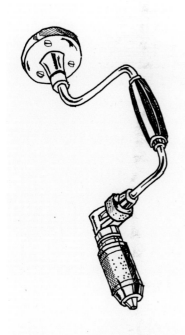

6-15. ◆ *Taladro de mano. La mayoría de los modelos como este se pueden encontrar con manivela hacia delante o hacia atrás, y también com trinquete.*

6-16. ◆ *Broca. La forma de tornillo de esta broca larga hace que se introduzca dentro de la pieza.*

6-17. ◆ *Como se puede ver, se han marcado los bordes y el centro de la caja. En la parte inferior aparece un formón de cuello de cigüeña; es útil, pero no esencial, para sacar las virutas del fondo de las cajas.*

adhesiva sobre la broca le mostrará cuando tiene que parar).

Horadar agujeros rectos con un berbiquí y broca es fácil si alinea el trabajo. Sujete la pieza de caja recta con el banco. Sitúe el centro del tornillo sobre la marca y alinee el ensamble recto con la pieza de trabajo. Dejando la mano sobre la parte superior del berbiquí, mueva su cabeza a un lado para alinearla a 90° con la pieza **(6-18)**.

No sea demasiado meticuloso aquí —coloque la herramienta en la posición en que le dé la impresión de que está derecha y empiece a taladrar agujeros. Si se desvía un poco, no pasa nada. Lo importante es sentir que está en la posición correcta. Con el

6-18. ◆ *Alineado del taladro y la broca con la pieza. Después de un tiempo, taladrar agujeros rectos y perpendiculares con esta herramienta se convierte en un asunto de «intuición».*

tiempo, lo hará automáticamente. (Con una taladradora eléctrica, la configuración de pistola le obstaculiza para alinear cualquier cosa; con una perforadora, la máquina

lo alinea por usted. En cualquier caso, no aprende nada).

Cuando se han taladrado los dos agujeros exteriores, taladre otros entre ellos para despejar la mayor parte de madera **(6-19).** No solape los agujeros porque la broca quizás tenga tendencia a desviarse, aunque el tornillo generalmente lo mantendrá en línea. Una vez se han horadado los agujeros, la caja se escuadra con formones.

Con el medidor de cajas indicando el lado de la cara (el lado con las pirámides), ponga las hojas aproximadamente a 1,5 mm sobre cada lado de los agujeros. Enclávelas y páselas por la zona, de lado a lado. La anchura será de unos 10 mm **(6-20).** Las líneas de medida que acaba de trazar indican los *lados* de la caja. Deje el medidor en esta posición.

Con un formón de 6 mm, retire los extremos de la caja.

Retire un poco (no corte por debajo), y luego saque la madera sobrante como hizo con la caja de la unión de horquilla. Haga

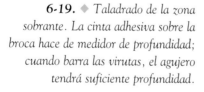

6-19. ◆ *Taladrado de la zona sobrante. La cinta adhesiva sobre la broca hace de medidor de profundidad; cuando barra las virutas, el agujero tendrá suficiente profundidad.*

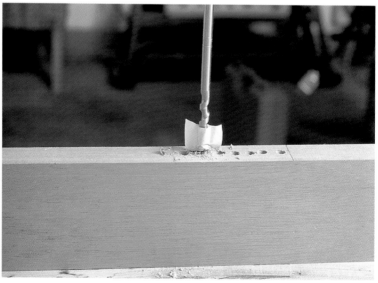

esto hasta que llegue a la parte inferior. Está vaciando transversal a la veta, por lo que puede golpear ligeramente el formón con una maceta. Después, coja un formón ancho y afine los lados de la caja **(6-21)**. Haga presión con las manos; *es muy fácil partir la pieza*. Haga pasadas finas, manteniendo el cincel en escuadra con los lados.

Cuando la línea de corte se iguale con la línea marcada, habrá acabado. Es muy importante aplicar una presión muy ligera dado que está cortando al hilo. Según va cincelando con el formón, retire las astillas de la caja **(6-22)**.

La espiga se ha hecho de la misma manera que para la unión de horquilla, con

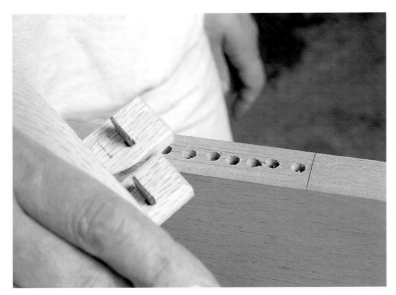

6-20. ◆ *Líneas marcadas con un gramil para los lados de la caja.*

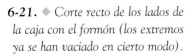

6-21. ◆ *Corte recto de los lados de la caja con el formón (los extremos ya se han vaciado en cierto modo).*

6-22. ◆ *Utilización de un formón estrecho para sacar la madera sobrante de la caja. Tengo cuidado de no cortar los extremos de la caja cuando hago esto.*

unas cuantas excepciones. La longitud será aproximadamente 3 mm más corta que la profundidad de la caja. Esto es para asegurar suficiente holgura en caso de que la parte inferior de la caja quede desigual. También asegúrese de utilizar el previo ajuste del gramil. Si no es así, corte la espiga con la sierra de bastidor de la misma manera que antes, recortando con un cepillo de acanalar o un bastrén si fuera necesario **(6-23).**

DOMINAR LOS ENSAMBLES

La mayoría de la gente nunca llega a dominar ninguna técnica de carpintería, por lo menos todos los tipos de ensambles. La razón de esto es que siempre cometen los mismos errores. He visto alumnos que continuamente trataban de utilizar las herramientas y/o métodos incorrectos y obtenían piezas torcidas que ajustaban mal —una y otra vez. Es importante saber cómo cortar ensambles a caja y espiga porque esto

6-23. ◆ *Ajustando la unión. El «tacto» debería ser el mismo que para el ensamble de horquilla. Si está demasiado tenso, la pieza de caja se partirá.*

le enseñará a reconocer *el tacto* de las piezas de acople.

¿Los realizará perfectamente la primera vez? Probablemente no (¡debería haber visto el primero que hice yo!). Sin embargo, con un poco de esfuerzo puede llegar a controlar la técnica.

¿Cómo? Con práctica. Haga cinco juegos de cada ensamble o haga varios marcos prácticos como el que se muestra en **6-24**. Con las herramientas adecuadas (especialmente la sierra) mejorará con cada intento. Mantenga una registro de sus fallos anotándolos en una libreta, y haga un esfuerzo consciente para corregir cada error en el siguiente intento. Si hace esto, pronto dejará de cometer errores. Eventualmente, cada ensamble a caja y espiga que haga ajustará maravillosamente.

¿Y qué pasa si sobresale un poco de la pieza? Lo primero de todo, en tanto en cuanto se haya hecho con cuidado, no tendrá importancia. En segundo lugar, el trabajo manual parecerá hecho a mano, no manufacturado.

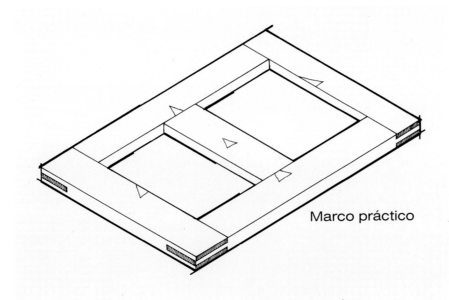

Marco práctico

6-24. ◆ *Un marco práctico. Construya varios. Primero haga las piezas de 2,5 cm de grosor y 5 cm de ancho. Después de 7,5 cm de ancho. Note las marcas piramidales; indican qué piezas van al lado izquierdo, arriba, etc. Los gramiles siempre se sitúan en el lado de las pirámides.*

Siete

ACABADO DE MADERA

«Puede realizar una pieza bonita, pero si el acabado es malo, tanto la belleza como el valor se mermarán.»

Tage Frid, *Tage Frid Teaches Woodworking,* **Taunton Press, 1993**

El acabado es un tema a menudo confuso para los carpinteros cuando leen o aprenden sobre la materia. Con bastante frecuencia, se argumentan demasiados productos de acabado —y técnicas para utilizarlos—. Como otros aspectos de carpintería, la pericia se alcanza familiarizándose totalmente con un producto y técnica al mismo tiempo. En ese momento usted no sólo tiene una base para comparar, sino que también tiene confianza en un método que funciona.

Los carpinteros a menudo saltan de idea en idea, aplicando un nuevo acabado o método cada vez que hacen un trabajo. ¿Por qué? Porque fabricantes y carpinteros reclaman productos/métodos más fáciles, más rápidos, mejores y más novedosos (esta semana). En el meollo de esta materia encontramos algunas preguntas básicas: ¿Qué propiedades debería tener un producto para acabado (por ejemplo, debería ser al agua o no)? ¿Qué es lo que se puede hacer en el taller? (Un acabado de laca puede ser lo adecuado para un mueble en concreto, pero si no tiene habitación con cabina para pulverizar y un compresor de aire, no puede aplicarlo). Y lo más importante: ¿Qué aspecto quiere que tenga la madera?

En las revistas y programas de televisión sobre carpintería se suele mencionar el barniz de poliuretano como un buen acabado. Es impermeable, el producto al agua se seca rápido y «protege» la madera. Pero ¿qué aspecto tiene? Eso nunca nos lo cuentan. El poliuretano es un plástico líquido. Cubre (¿embalsama?) la madera con una capa de plástico. Lo he utilizado en trabajos comerciales, pero no me gusta. El acabado es duro, brillante, intocable. Hace que la madera se parezca a esos paneles horribles que simulan madera que puede ver en las grandes tiendas de bricolaje. El motivo de que alguien pudiera querer transformar tal material natural de buen aspecto para que parezca artificial sobrepasa mi entendimiento, pero la gente lo hace.

En este capítulo hablaremos únicamente de dos acabados: con aceite y laca. El aceite es fácil de aplicar, impermeable y ofrece un acabado precioso. La laca se seca rápido y parece maravillosa sin demasiada molestia. Ambos acabados son buenos para los polvorientos talleres que carecen de una zona dedicada a acabados.

PREPARACIÓN DE LA MADERA PARA UN ACABADO

¿En qué medida debe estar preparada la madera?

Mi mujer y yo tenemos una cómoda para guardar mantas, que data de la Guerra Revolucionaria **(7-1)**. La madera está impregnada de tinta, hay grietas en la tapa y las molduras están desalineadas. Esos «defectos» realmente la hacen más atractiva. Tiene la característica de estar hecha a mano, cosa que parece haberse perdido en el trabajo moderno: puede ver y *sentir* en la madera las marcas de las herramientas del artesano. No es el hecho de que la pieza sea vieja lo que la hace tan especial. Es especial porque demuestra que alguien la hizo. Los defectos en ella son intrascendentes. El mensaje aún está estampado.

7-1. ◆ *Cómoda hecha antes de 1770. La tapa no ajusta, está agrietada y manchada de tinta, las molduras están torcidas y los asideros laterales están rotos. No hay ningún problema: todavía es bonita. El exceso de trabajo sobre esta pieza para prepararla para un acabado podría destruir su estilo. Únicamente los trabajos mediocres necesitan ser perfectos; el trabajo bueno se puede considerar sin defectos.*

Tengo una máxima: «La madera debería parecer madera».

Esto significa que un exceso de lijado y faena hacen una pieza de madera tan lisa y sin defectos como el cristal sea innecesario y no deseado. A menudo, sólo el cepillo de alisar es suficiente para dejar la madera lista para el acabado. Las marcas que deja el cepillo son perfectamente aceptables —incluso deseables. Muestran que un artesano hizo el mueble, no una máquina.

Técnica de preparación

Antes de aplicar cualquier acabado, la madera tiene que estar preparada para el mismo. Durante años he utilizado sólo un cepillo para esto —un viejo cepillo de alisar de 15 euros de segunda mano que he englobado en el trabajo. Todavía hoy utilizo un cepillo, pero ahora uso una garlopa **(7-2 y 7-3)**. Hace rebajes muy finos **(7-4)** y como es una herramienta de buena calidad, se gasta poca energía utilizándola.

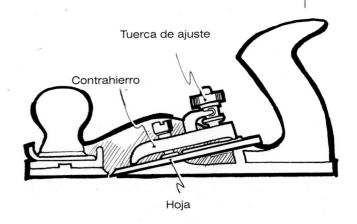

7-2 y 7-3. ◆ *Cepillo de alisar de ángulo bajo —como la garlopa— tiene pocas piezas. Funciona especialmente bien sobre maderas toscas.*

Tuerca de ajuste

Contrahierro

Hoja

Cepillo de alisar de ángulo bajo

7-4. ◆ *Una garlopa se puede utilizar para preparar la superficie. El diseño de ángulo bajo hace posible cepillar incluso en una superficie difícil. Note las finas virutas que se pueden producir con este cepillo.*

La hoja en ángulo bajo permite cepillar con facilidad casi en cualquier tipo de madera **(7-5 y 7-6)**.

Un cepillo de alisar de banco del número 4 **(7-7)** o un cepillo de alisar madera **(7-8)** también se pueden utilizar para preparar la superficie para el acabado. Otra opción es hacer y utilizar un bloque abrasivo **(7-9 a 7-12)**. Utilice el bloque abrasivo con papel de lija de grano 220 después de cepillar con el cepillo de alisar. También puede utilizar el bloque con papel de lija cada vez más finos (80, 120, 150 y 220) en vez de cepillar.

7-5. ◆ *Utilización de una garlopa para preparar la superficie para el acabado.*

7-6. ◆ *Un cepillo de alisar se utiliza desde todos los ángulos de la pieza; por ello la importancia de una hoja afilada y de obtener desbastes muy finos.*

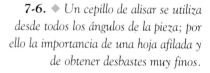

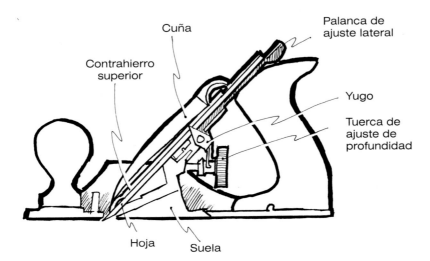

Cuña

Palanca de
ajuste lateral

Contrahierro
superior

Yugo

Tuerca de
ajuste de
profundidad

Hoja   Suela

Sección simplificada de cepillo de alisar de banco

7-7. ◆ *Cepillo de alisar de banco del número 4. Este cepillo tiene más partes que una garlopa, pero funciona igual de bien. La razón es el ajuste ultra preciso de la máquina.*

Yo prefiero utilizar el cepillo de alisar; es más rápido y deja la pieza más natural.

Si usted mide tableros a mano, como se describe en el Capítulo Cinco, puede dejarlos como cuando se alisan. Tendrán un aspecto maravilloso como el de la cómoda descrita previamente. Cuando compre madera que haya sido alisada a máquina, necesitará quitar todas las marcas de la lijadora con un cepillo de alisar. ¿No es sugerente que las herramientas de mano dejen una superficie naturalmente bonita y las máquinas una deslucida?

Una vez se ha preparado la superficie, es el momento de añadir el acabado. A continuación describo técnicas de acabado para acabados al aceite y con laca.

7-8. ◆ *Cepillo de alisar madera. En general, este es un cepillo bueno.*

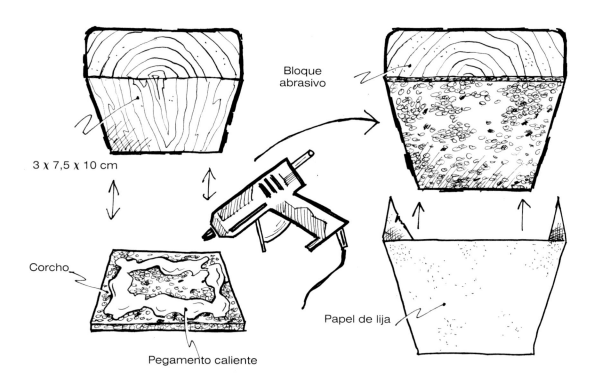

Bloque abrasivo

3 x 7,5 x 10 cm

Corcho

Pegamento caliente

Papel de lija

Realización de un bloque abrasivo

7-9. ◆ *Un bloque abrasivo se puede fabricar fácilmente pegando corcho a la parte inferior de un trozo de pino. Funciona mucho mejor que los de goma que venden en las tiendas de pintura.*

7-10. ◆ *Vista del bloque abrasivo mostrando la «suela» de corcho. El corcho ofrece una superficie lisa para el papel de lija, pero también «cede» un poco.*

7-11. ◆ *Bloque abrasivo listo para usar. ¿Por qué se lija cuando ya tiene la madera alisada? Porque el papel de lija puede llegar a espacios que algunas veces el cepillo no puede, y prepara la madera para recibir el acabado. La mayoría de los carpinteros lijan demasiado.*

Movimiento de lijado

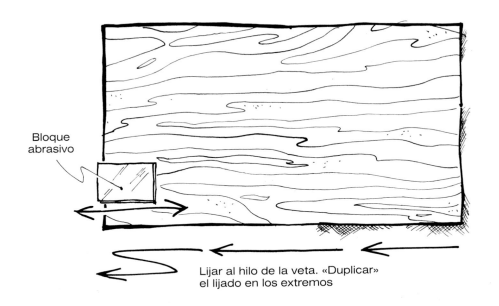

Bloque abrasivo

Lijar al hilo de la veta. «Duplicar» el lijado en los extremos

7-12. ◆ *«Duplicar» el lijado en los extremos cuando haga la pasada (es decir, pasar dos veces en los extremos). Quedará un trabajo de lijado más igualado.*

ACABADOS AL ACEITE

Un acabado al aceite **(7-13)** es en realidad el acabado ideal para la madera. Le da una maravillosa intensidad y personalidad. Un acabado al aceite es un acabado penetrante —realmente empapa la madera. Aparte de parecer más bonito, es el acabado más fácil de aplicar: lo extiende con un trapo, lo deja que se empape durante un rato, y luego vuelve a pasar el trapo de nuevo. No tiene que inquietarse por el polvo que pueda caer sobre las piezas y arruinar el acabado (una preocupación para muchos talleres pequeños), o por marcas de brocha, goteos, etc.

Más abajo describo técnicas de acabado para acabados al aceite de linaza, danés y de tung.

Acabado al aceite de linaza

El aceite de linaza es el acabado al aceite que primero conocí. Crecí rodeado de esos muebles de álamo horribles, demasiado brillantes, manchados (para que parecieran como de cerezo) y no estaban preparados para el aspecto natural que el aceite de linaza da a la madera. Durante muchos años este fue el acabado al aceite estándar para fabricantes de muebles.

El aceite de linaza no es caro y se puede encontrar en las tiendas de bricolaje. Asegúrese

7-13. ◆ *Todos estos acabados al aceite penetrantes harán un buen trabajo en muebles. Un acabado al aceite da a la madera un aspecto liso y natural.*

de utilizar aceite de linaza hervido[20] (como se indica en el bote), no aceite de linaza crudo. El aceite de linaza crudo se utiliza para impermeabilizar madera exterior y nunca secará si se utiliza en muebles de interior. *Además, con cualquier acabado al aceite, tire los trapos utilizados fuera del habitáculo inmediatamente después de haberlos utilizado.* Cuando vivía en St. Louis, uno de mis alumnos casi quemó su casa por no hacer caso a este consejo. Afortunadamente, su esposa notó a tiempo el humo de los trapos quemados.

Para empezar, mezcle aceite de linaza hervido en una proporción de 50-50 con trementina en un bote de cristal **(7-14 y 7-15).** Aplique esta mezcla a la madera con un trapo, utilizando mucho aceite **(7-16).** Cuando toda la pieza esté cubierta, mire para ver cualquier trozo seco y vuelva a aplicar aceite y trementina allí. Pasados unos 15 minutos, pare y permita que la pieza se asiente durante unos 20 minutos; luego limpie el exceso con un trapo. Deje que la pieza se seque durante 24 horas.

Para la siguiente capa, utilice aceite de linaza hervido puro a temperatura ambiente. Si lo utiliza a una temperatura inferior, no penetrará bien. Aplíquela de la misma manera que antes, utilizando una capa gruesa de aceite y reaplicando aceite a las zonas secas. Limpie el exceso después de 20 minutos. Después de otras 24 horas, aplique una tercera capa del mismo modo. Después de tres aplicaciones, el acabado está completo. En un día, la pieza está seca y preparada para utilizar.

Generalmente para cualquier acabado al aceite, a algunos artesanos les gusta aplicar a la madera la segunda y tercera capas de aceite con lana de acero y/o lijar (ligeramente) con papel del 320 entre capas. A mi no me preocupa esto.

---

[20] El aceite de linaza hervido tiene secadores añadidos que disminuyen el tiempo de secado del acabado.

7-14. ◆ *Preparación de una primera capa de acabado de aceite de linaza. Primero, vierta el aceite de linaza hervido dentro de un tarro de cristal.*

7-15. ◆ *Añada trementina al aceite de linaza. Estará bien una mezcla de aproximadamente el 50 por ciento.*

7-16. ◆ *Aplicación del aceite de linaza con un trapo. Utilice cantidades generosas de aceite —especialmente para la primera capa. El aceite de linaza oscurece la madera más que otros acabados al aceite. Nada más haberlos utilizado, tire inmediatamente los trapos al exterior.*

Nota: No utilice un acabado al aceite en el interior de cajones. Se puede aclarar un poco en tiempo caluroso y estropear papel y ropa. Realmente no hay ningún motivo para dar un acabado al interior de los cajones.

Acabado al aceite de tung

Se dice que los acabados con aceite de tung son los más resistentes al agua, alcohol, ácido, etc. Como el aceite de linaza, lo utilizo en una secuencia de tres días (**7-17 y 7-18**). Repetidas aplicaciones de acabado al aceite de tung dejarán un satinado liso sobre la madera. Existe una marca comercial que con-tiene cera, lo cual dará un poco más de lustre a la pieza, aunque el aceite de tung en general dejará, por su propia naturaleza, un poco más de brillo que otros aceites. Cuantas más capas aplique, más brillante quedará el acabado. Normalmente doy dos o tres capas.

El aceite de tung es mi acabado al aceite favorito. Es fácil de utilizar y deja el acabado con mejor apariencia.

Aceite danés

El aceite danés es similar al aceite de linaza, pero es más fácil de utilizar. Si quiere, puede dejar acabada una pieza en un día. Como con

7-17. ◆ *Aplicación de aceite de tung con una brocha.*

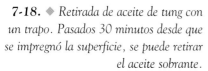

7-18. ◆ *Retirada de aceite de tung con un trapo. Pasados 30 minutos desde que se impregnó la superficie, se puede retirar el aceite sobrante.*

el aceite de linaza, la pieza se impregna inicialmente con el producto, pero se vierte directamente desde el bote **(7-19)**.

Después de cubrir la pieza, espere 30 minutos y luego aplique otra capa de aceite. Quince minutos después de esta segunda aplicación, pase un trapo por la pieza. Estará preparada para utilizar en unas 12 horas.

El aceite danés es el aceite de acabado más fácil de utilizar (y el más caro). Me gusta porque puedo terminar una pieza de manera rápida.

7-19. ◆ *Aplicación de acabado al aceite danés a una caja ensamblada con cola de milano. A la caja primero se le dio un acabado con laca naranja.*

LACA

Es probable que necesite dos tipos de laca: naranja y amarilla (también llamada super amarilla) **(7-20)**. La laca naranja da un tono cálido a las maderas más oscuras como las de cerezo, roble, nogal, abeto, etc. La super amarilla es buena para maderas de color más claro tales como fresno y maple blando y duro.

La mejor manera de preparar un acabado con laca es mezclarla usted mismo[21]. En un tarro de cristal de salsa de tomate o mermelada (no utilice nunca metal para la laca), ponga unos 5,1 cm de escamas de laca. Vierta el suficiente alcohol desnaturalizado para cubrir las escamas aproximadamente 2,5 cm **(7-21)**.

---

[21] Si la mezcla en el momento la laca funcionará mucho mejor que los tipos premezclados. La laca premezclada tiene un agente retardante que le da una vida indefinida en el estante de la tienda. La laca que mezcla usted mismo durará meses una vez mezclada, pero debería aun probar un poco de la premezcla antes de usarla. Con su dedo, dé unos toques del producto sobre una pieza de cristal. La laca naranja debería estar seca en aproximadamente un minuto (en una habitación a 20 °C), y la super amarilla en unos dos minutos.

7-20. ◆ *Laca naranja y super amarilla. Las escamas se mezclan con alcohol desnaturalizado para hacer una solución con la que trabajar. La laca naranja es buena para maderas más oscuras, la super amarilla para maderas más claras.*

7-21. ◆ *Adición de alcohol desnaturalizado a las escamas de laca super amarilla. Para pequeñas cantidades como esta, yo cubro las escamas aproximadamente 1,3 cm con el alcohol.*

Agite continuamente el tarro durante uno o dos minutos para evitar que las escamas se aglutinen **(7-22)**, y luego cada tres o cuatro minutos hasta que todas las escamas se hayan disuelto. La laca naranja se disolverá más rápidamente que la super amarilla.

Puede aplicar la laca con una brocha o con un trapo **(7-23)**. Cuantas más capas aplique, más brillante quedará el acabado. Lije ligeramente entre capas con papel de lija de grado 220 para suavizar la madera y dejar un acabado uniforme. Al contrario que el aceite, la laca se puede utilizar en el interior de cajones y carcasas si se desea. Limpie el polvo de la pieza entre capas con un trapo y utilice un atrapapolvo antes de dar la capa final.

La laca se seca con tanta rapidez que puede acabar una pieza entera en un día, así que el polvo que se pueda producir en su taller no tiene oportunidad de asentarse (y volverse parte de) en la pieza. La aplicación es rápida y fácil, incluso para principiantes. El inconveniente de la laca es que no es impermeable al alcohol o resistente al calor, así que no es buena elección para tapas de mesa de comedor o una barra, etc. Sin embargo, es muy fácil de reparar. Lije la zona dañada y vuelva a aplicar laca.

7-22. ◆ *Agite el tarro con las escamas de laca y alcohol para evitar que las escamas se aglutinen. La laca debería ser razonablemente fresca cuando la utilice. Si duda, dé unos toques de laca vieja sobre un trozo de cristal. Si no se seca en un minuto, no la utilice; tírela. Nunca se secará adecuadamente.*

7-23. ◆ *«Rellenado de la superficie» con laca (aplicación con un trapo). La laca es un acabado maravilloso para elementos que no necesitan impermeabilización, como esta caja para cartas de maple y cerezo.*

UNA ÚLTIMA PALABRA SOBRE EL ACABADO

Mi primer profesor de carpintería me enseñó a utilizar aceite de linaza para acabados. Durante mis tres primeros años de carpintería seria, eso es lo único que utilicé. Me familiaricé totalmente con el acabado al aceite de linaza sobre todos los tipos de madera, y la utilicé más tarde como una base de comparación para los demás acabados que probaba. La mayoría no cumplían las expectativas, pero no podía saber qué era lo que parecía correcto para mi.

Muchos carpinteros aceptan los consejos que se dan en artículos de revistas y libros o de gente que aparece en televisión sin ni siquiera pensar dos veces sobre ello. Mire al mueble y desarrolle una preferencia personal. Muchos museos y galerías de arte tienen muebles a la vista que usted puede ver, o puede visitar anticuarios. Es también bueno

saber qué es lo que *no le gusta* —vaya a almacenes de muebles viejos y observe sus piezas. Verá tablas chapeadas con apariencia de queso, ultra brillantes o ese horrible tinte brillante que solamente puede gustar a los gángsters.

Da igual si a usted le gusta y utiliza lo que yo utilizo y me gusta. Lo importante es tener buenos conocimientos sobre un método que funcione bien. Esto significa experimentar con diferentes técnicas. Intente ejemplos de acabados al aceite y con laca sobre diferentes maderas para ver cómo quedan. ¿Sabe que puede aplicar laca a la madera, dejarla secar y luego darle aceite (**7-24**)? Inténtelo también. Vea cómo dos, tres, seis y diez capas de aceite quedan sobre maderas diferentes. Luego intente esto con laca —tanto naranja como amarilla. Inténtelo con aceite sobre laca, así como con aceite sobre madera en crudo. Si hace esto, tendrá más conocimientos que la mayoría.

7-24. ◆ *Aplicación de aceite de tung a una tapa de caja. Cualquier acabado al aceite se puede utilizar sobre una primera capa (o capas) de laca.*

APÉNDICES

Glosario

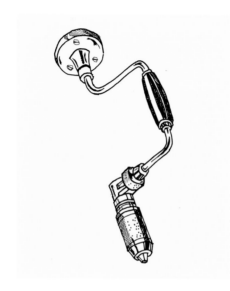

Acabado al aceite. Acabado impermeable que penetra en la madera y deja una patina natural. La madera sigue pareciendo madera.

Acabado al aceite de linaza. Acabado simple con aceite penetrante.

Aceite danés. Aceite de acabado penetrante.

Aceite de tung. Aceite natural derivado de semillas de árboles de tung. Se utiliza solo o mezclado con otros aceites para hacer acabados al aceite penetrantes.

Adhesivo amarillo. Pegamento de PVA (acetato de polivinilo). Se seca más rápido y queda con más brillo que el pegamento blanco de PVA (por ello se puede lijar con más facilidad).

Adhesivo blanco. Pegamento de PVA. Tarda más tiempo en secar y es más «áspero» que el pegamento amarillo. Cualquiera de los dos es bueno.

Adhesivo de PVA (acetato de polivinilo). Término técnico para denominar los pegamentos blancos y amarillos modernos. No son tóxicos, son baratos, se limpian fácilmente con agua y tienen propiedades para hacer uniones fuertes.

Ajustar. Poner a punto todas las partes de funcionamiento de un cepillo a sus teóricamente posiciones óptimas. Generalmente una excusa para perder tiempo.

«Allanado» de ruedas de amoladora. Utilización de un allanador de ruedas de amoladora para limpiarlas de partículas de metal y mantener la cara limpia.

Arquear una junta. Técnica que incluye dejar un hueco en el centro de los bordes de dos tablas unidas para asegurar que las tablas —particularmente los extremos— estarán tensados.

Berbiquí. Herramienta de mano de acción rotatoria, algunas veces con trinquete, normalmente con una broca de barrena, para taladrar agujeros grandes (de más de 0,6 cm). También se puede utilizar para introducir tornillos.

Bisel. La zona en ángulo en el borde de corte de una hoja de cepillo o formón.

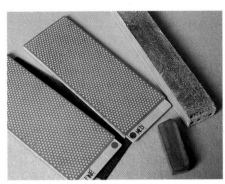

Bisel cóncavo. Bisel curvado hecho con rueda de esmerilar. Contrapuesto al bisel hecho en piedra de afilar plana.

Carcasa. La caja básica de un armario.

Cepillo corriente. Generalmente se refiere a una herramienta de poca calidad —no fabricada para altas tolerancias, no hace buenos acabados, las hojas son de acero de mala calidad, etc.

Cepillo de acanalar. Enjuto cepillo utilizado para cortar rebajes, espigas, etc.

Cepillo de desbastar. Cepillo de aproximadamente 45,7 cm de longitud.

Cepillo de igualar. Cepillo con una hoja redondeada que raspa más que rebaja y se utiliza para aplanar tablas *inicialmente*. Estos cepillos quitan la madera con rapidez.

Cepillo de moldurar. Cepillo de 58,4 a 61 cm con el que se obtiene una superficie plana sobre las tablas más grandes, ya sea sobre un canto o sobre la cara.

Cola de milano deslizante. Unión encajada con forma de cola de milano que se encola en un extremo y es muy útil en la construcción de carcasas. Mezcla una inusual gran resistencia y permite el movimiento de la madera.

Compás. Herramienta de medición utilizada para trazar círculos y transferir medidas. Lleva dos brazos de metal con la punta afilada.

Contrahierro. Pieza de guarda que se atornilla a la hoja de un cepillo para mantenerla rígida.

Corte paralelo. Corte hecho al hilo de la madera.

Cuchilla de marcar. Cuchilla afilada utilizada para marcar ensambles o dimensionar cortes.

Cuchilla fuerte. Cuchilla resistente con hoja de recambio y a menudo retractable.

Dirección del grano. Orientación de las fibras en la madera.

Ensamble a caja y espiga. Unión muy fuerte en la que la caja (agujero) se corta dentro de una pieza y la espiga (pieza que encaja) se ajusta en la ranura. La unión fundamental en carpintería.

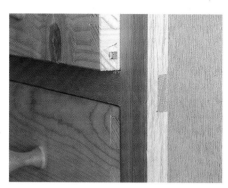

Ensamble a escuadra. Unión, normalmente clavada, en la cual el canto o borde de una tabla se esquina a la cara de otra tabla. Suele ser una unión pobre.

Ensamble a inglete. Unión realizada uniendo piezas en ángulo de 45°.

Ensamble a media madera. Unión simple de carpintería con rebajes.

Ensamble ciego. Cualquier unión escondida (ningún elemento de la unión o sujeción quedan visibles).

Ensamble corredero. *Ver ensamble de horquilla.*

Ensamble de caja. Unión de clavija entrelazada que se hace mejor a máquina y normalmente se puede ver en cajas pero también es útil para trabajos mayores.

Ensamble de cola de milano. Unión fuerte de dos partes que consiste en una parte saliente y otra que encaja en la anterior. Utilizada a menudo para cajones.

Ensamble dentado. Unión a menudo utilizada para hacer estantes, en los cuales la pieza horizontal se aloja en el dado (ranura) cortado dentro de la pieza vertical. Siempre debería estar rebajada.

Ensamble de galleta. Unión con ranura hecha con un ensamblador de galletas (máquina especial) y con piezas (galletas) de madera dura comprimida prefabricada.

Ensamble de horquilla. Unión a caja y espiga abierta.

Ensamble de ranura y lengüeta. Unión de zócalo para bordes, a menudo utilizado en la colocación de suelos y materiales para cubiertas de barcos.

Ensamble en ángulo. Canal en forma de «L» que va a lo largo del borde de una pieza de madera.

Escuadra. Partes que están en ángulo recto (90°) una de la otra; además, caja o marco con la condición de que tengan las cuatro esquinas a 90°.

Escuadra combinada. Herramienta de medición diseñada para posicionarse en ángulos de 45 y 90°. La cabeza se desliza a lo largo de la hoja; esto permite su utilización para marcar tableros en su anchura. La escuadra combinada

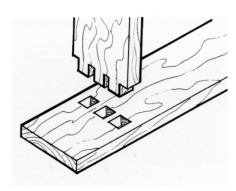

también se utiliza para comprobar cuadratura, nivelación y muchas otras cosas.

Escuadrar. Hacer que un borde quede recto y cuadrado con la cara de la tabla.

Esmerilado. Proceso de afilado de una herramienta con el que se obtiene un bisel nuevo. El siguiente paso es el limado, que hace que la hoja quede con un filo similar al de una navaja de afeitar.

Garlopa. Cepillo de mano para uso general que tiene una longitud aproximada de entre 30,5 y 43,2 cm.

Gramil. Herramienta utilizada para marcar líneas paralelas a los bordes de una tabla. El mejor modelo es el de diseño japonés que incluye una hoja para marcar.

Laca. Material de acabado hecho de resina producida por pequeños insectos.

Laca amarilla. Acabado claro de laca para madera (en contraposición a laca naranja).

Laca blanca o super amarilla. El grado más refinado de la laca. Se blanquea para quitar el color naranja de la laca al natural.

Laca naranja. Tipo de laca menos refinada que la amarilla y que retiene algo de color naranja.

Limado. Proceso de afilado que deja una hoja embotada con el filo de una navaja de afeitar.

Limas de aguja. Limas muy pequeñas utilizadas para afilar dientes de sierra diminutos.

Madera verde. Madera nueva, conocida como «húmeda».

Medidor de caja. Similar a gramil, herramienta con una guía y dos clavijas que se utiliza para marcar cajas y espigas y que también se puede usar para realizar otras marcas.

Metro plegable. Regla rígida de medir que se dobla para guardar.

Microbisel. Bisel pequeño y secundario en el extremo de un bisel más grande, normalmente sobre un formón u hoja de cepillo.

Piedra al agua. Normalmente piedra natural o artificial utilizada para afilar hojas. Se utiliza con agua.

Piedra de afilar. Piedra abrasiva (normalmente una piedra al aceite) utilizada para afilar hojas. También llamada piedra de Arkansas. Utilizada con aceite, generalmente queroseno.

Piedras de diamante. Piedras de afilado extremadamente duras que consisten en cristales de diamante industrial microscópico adheridos a una matriz plana.

Puntos por pulgada. En una hoja de sierra, número de dientes que hay en una pulgada.

Rebaba. El minúsculo trozo áspero de metal que queda en el extremo de una herramienta después de esmerilar.

Serrucho de carpintero. Serrucho universal —que la mayoría de nosotros conocemos como serrucho de carpintero. Sus hojas son gruesas, cortan con lentitud y producen una ranura grande. Casi no se utiliza.

Serrucho de cola de milano. En América, generalmente se refiere a un serrucho pequeño con mango torneado. El serrucho de 9 puntos es la herramienta ideal para los ensambles de cola de milano.

Serrucho de costilla. Serrucho pequeño con una barra rígida a lo largo de su parte trasera para mantener la hoja rígida. La mayoría no cortan bien.

Sierra de bastidor. Sierra ampliamente utilizada en Europa continental, que mantiene una hoja en tensión dentro de un marco de madera. La hoja es estrecha y no puede cimbrearse o doblarse y por ello corta de manera muy rápida y con precisión.

Tenaza de triscar. Herramienta que se utiliza para triscar los dientes de una hoja de sierra.

Tira de cuero. Pieza de piel gruesa, pegada sobre un taco de madera dura, que se utiliza con un compuesto para limar una hoja.

Torno de banco de carpintería. La parte del banco utilizada para sujetar tablas. Dependiendo del torno utilizado, las tablas se pueden sujetar por el borde, de canto, en vertical o en horizontal sobre la parte superior del banco.

Trementina. Disolvente utilizado para acabados a base de aceite. Se considera el diluyente ideal para el aceite de linaza.

Triscado. Cantidad que los dientes de una sierra se desvían unos de otros.

Tronzado. Corte transversalmente a la veta de la madera.

Unir cantos. Hacer que los cantos de tablas queden rectos y escuadrados para pegarlos y que queden unidos.

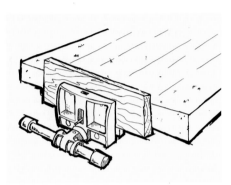

Vara de medir. Listón hecho en el taller con dimensiones marcadas sobre el mismo. Permite realizar mediciones directamente de un mueble, una habitación, o planos al palo; luego las dimensiones se transfieren a las piezas de trabajo. Es más preciso que medir.

Zonas resaltadas. Áreas de la cara de una tabla que sobresalen respecto a las circundantes.

ÍNDICE

Tabla de conversión métrica

PULGADAS A MILÍMETROS Y CENTÍMETROS
MM-Milímetros   CM-Centímetros

Pulgadas	MM	CM	Pulgadas	CM	Pulgadas	CM
1/8	3	0,3	9	22,9	30	76,2
1/4	6	0,6	10	25,4	31	78,7
3/8	10	1,0	11	27,9	32	81,3
1/2	13	1,3	12	30,5	33	83,8
5/8	16	1,6	13	33,0	34	86,4
3/4	19	1,9	14	35,6	35	88,9
7/8	22	2,2	15	38,1	36	91,4
1	25	2,5	16	40,6	37	94,0
1 1/4	32	3,2	17	43,2	38	96,5
1 1/2	38	3,8	18	45,7	39	99,1
1 3/4	44	4,4	19	48,3	40	101,6
2	51	5,1	20	50,8	41	104,1
2 1/2	64	6,4	21	53,3	42	106,7
3	76	7,6	22	55,9	43	109,2
3 1/2	89	8,9	23	58,4	44	111,8
4	102	10,2	24	61,0	45	114,3
4 1/2	114	11,4	25	63,5	46	116,8
5	127	12,7	26	66,0	47	119,4
6	152	15,2	27	68,6	48	121,9
7	178	17,8	28	71,1	49	124,5
8	203	20,3	29	73,7	50	127,0

Sobre el autor

Anthony Guidice es ebanista, profesor y escritor residente en Rochester, Nueva York. Es redactor colaborador de *Woodworking Magazine* y dirige talleres y seminarios de carpintería.